Fifth Edition

D0302321

Mot à Mot

New Advanced French Vocabulary

Paul Humberstone

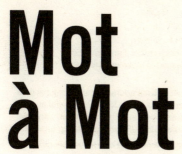

**HODDER
EDUCATION**
AN HACHETTE UK COMPANY

Orders: please contact Bookpoint Ltd, 130 Milton Park, Abingdon, Oxon OX14 4SB. Telephone: (44) 01235 827720. Fax: (44) 01235 400454. Lines are open 9.00–5.00, Monday to Saturday, with a 24-hour message answering service. Visit our website at www.hoddereducation.co.uk.

© **Paul Humberstone, 1991**
First published in 1991 by
Hodder Education,
An Hachette UK Company
338 Euston Road
London NW1 3BH

Second edition published 1996
Third edition published 2000
Fourth edition published 2006
This fifth edition published 2010

Impression number   5
Year   2014 2013 2012

Cover photo © Robert Holmes/Corbis; Artist's copyright ©ADAGP, Paris and DACS, London 2010

Typeset in 8pt Helvetica Light by Transet Limited, Coventry, England.
Printed and bound by CPI Group (UK) Ltd, Croydon, CR0 4YY

A catalogue record for this title is available from the British Library
ISBN: 978 1444 11000 5

Introduction

This new edition of *Mot à Mot* brings further revisions to reflect recent changes in examination specifications and contemporary topics. It seeks to provide:

- revised topic areas, including those studied for AS and A2 Level
- much new material, taken largely from recent publications about current affairs
- an updated opening section including additional synonyms and a guide to the use of verbs + *à* or *de* or a direct infinitive
- more shaded sections of revision vocabulary at the start of subsections
- more subdivisions into smaller groups of words and phrases with related meanings
- a distinction between words and phrases you will need for discussion of AS Level topics and those which are appropriate at a more advanced level, the latter printed in **bold type**.

The method of this book is to list words and phrases in an order which follows the logic (at least in the author's mind) of a lesson about, or a discussion of, various aspects of each topic.

This book is a study aid, not a dictionary or an encyclopædia. There is a wealth of material on the internet which changes all the time. In this edition, specific references to websites have not been included, because things move on constantly. When you are studying one of the topics, choose a relevant word or phrase and type it into google.fr to get access to the latest articles. One word of warning: many of the websites which appear are blogs of one sort or another, and regrettably these tend to be less than accurate in terms of spelling and grammar. A conference report or a magazine or newspaper article will be more reliable. The following are invariably useful as a way of exploring a topic:

http://www.google.fr/
http://fr.yahoo.com/
http://lycos.fr
http://www.premier-ministre.gouv.fr/fr/

The most fruitful sources of relevant articles in the press, and usually available online, can be found in the publications *La Croix*, *L'Express*, *Le Figaro*, *L'Humanité*, *Libération*, *Le Monde*, *Le Nouvel Observateur* and *Le Point*. These represent a wide cross-section of political opinion.

This book is not an invitation to learn each word and phrase 'in case it comes up in the exam', but to become familiar with the material you need at your level of study, principally by using it yourself. That said, some learning has to be done! For most people, repetition is essential for memorisation. I suggest the following:

- Try 15 or 20 minutes at a time on a group of about two dozen words and phrases.
- The next time, start a new group but revise the last one, and make a note of the words you have forgotten.
- **Use** the material as soon as possible, as the context you create will help you to remember it.

Paul Humberstone

Contents

Comment dirais-je?

Quelques suggestions pour enrichir la conversation et la rédaction.

1.1 Premièrement — *Firstly*

aborder un problème	to tackle a problem
à première vue	at first sight
dès l'abord / le départ	from the outset
réfléchissons d'abord à ...	let us first consider ...
il s'agit d'abord de se demander	we must first ask ourselves
la première question qui se pose est de savoir ...	the first question is ...
dans le fond	basically
préalablement	beforehand
au premier abord / de prime abord	at first sight
partons du principe que ...	let us take as a basic principle that ...

1.2 Il s'agit de ... — *It is about ...*

quant à ...	as for ...
en ce qui concerne ...	as far as ... is concerned

de quoi s'agit-il en fait?	what in fact is the issue?
qu'est-ce qui est en cause?	what is at issue?
ce qui est en cause, c'est ...	what is at issue is ...
la controverse porte sur ...	the argument involves ...
faire une mise au point de la situation	to clarify the position
donner quelques précisions	to clarify a few details
définir ce qu'on entend par ...	to define what one understands by ...
analyser quelques enjeux	to analyse a few issues
à l'ordre du jour	on the agenda
les tenants et les aboutissants	the ins and outs
faire le point sur l'affaire	to summarise the issue
chercher un point de repère	to seek a point of reference
tirer l'affaire au clair	to shed light on the matter
cerner le problème essentiel	to define the main problem
saisir le fond des enjeux	to grasp what is basically at stake

1.3 Il y a un problème　　*There is a problem*

la crise	crisis
en crise	in a state of crisis
une situation inquiétante	a worrying state of affairs
avoir du mal à (+ *infin*)	
avoir de la peine à ...	to have difficulty in (doing, etc.)
éprouver des difficultés à ...	

une question épineuse	an issue fraught with difficulty
un problème incontournable	a problem which cannot be ignored
le fond du problème	the basis of the problem
la principale difficulté porte sur ...	the main difficulty involves ...
toute la difficulté est de (+ *infin*)	the main difficulty is to ...
réside en (+ *noun*)	is in ...
le souci prédominant	main worry
un obstacle insurmontable	an insurmountable obstacle
un accident conjoncturel	conspiracy of circumstances
l'entrave *(f)*	hindrance
la pierre d'achoppement	stumbling block
des obstacles subsistent encore	some obstacles remain
le terrain est miné	it is a minefield
une crise qui couve	a brewing crisis
difficilement maîtrisable	hard to bring under control
le bilan est globalement négatif	on the whole things are not good
les choses prennent une mauvaise tournure	things are going wrong
un avant-goût de ce qui pourrait survenir	a foretaste of what might occur

1.4 Le problème devient plus sérieux　　*The problem is getting more serious*

plus inquiétant encore ...	what is even more worrying is that ...
la situation se complique	the situation is getting more complicated
une autre difficulté est venue s'ajouter	a further difficulty has cropped up
une nouvelle donne	a new state of play
une série de catastrophes	a succession of disasters
la situation empire de jour en jour	the situation is getting worse every day
s'accentue avec le temps	is getting worse as time passes
tourne à la catastrophe	is becoming disastrous
atteint un niveau critique	is reaching a critical level
atteint la cote d'alerte	is at flash point
menace de s'éterniser	is threatening to go on for ever

d'autres facteurs contribuent à aggraver la crise	other factors are helping to worsen the crisis
le phénomène s'accroît	the phenomenon is on the increase
la tendance s'accentue	the tendency is becoming more noticeable
le problème se banalise	the problem is getting more common
le problème a pris une telle ampleur que ...	the problem has taken on such proportions that ...
mettre le feu aux poudres	to bring things to a head
pour comble de malheur	to cap it all
une crise sévit	a crisis is raging

1.5 Comment résoudre le problème?

How can the problem be solved?

un moyen de ...	a way of ...
remédier à	to cure
surmonter	to overcome

venir à bout de ...	to get through ...
la solution est loin d'être évidente	the solution is far from obvious
la question est de savoir comment s'y prendre pour ...	it is a matter of knowing how to go about ...
il existe de nombreux moyens de ...	there are many ways of ...
la solution qui s'impose, c'est ...	the obvious solution is ...
l'essentiel du travail consiste à ...	the main job is to ...
examiner au cas par cas le problème	to examine each incidence of the problem
saisir la question à bras-le-corps	to get to grips with the issue
élaborer une stratégie	to draw up a plan of action
mieux vaut ... que de ...	it is better to ... than to ...
comment éviter que ... (+ *subj*)	how can one avoid (+ verb)
empêcher qu'une telle situation ne se reproduise	to prevent such a situation from happening again
construire de nouveaux repères	to establish new points of reference
défricher des voies nouvelles	to clear the way for new lines of approach
opter pour une solution médiane	to go for a compromise solution
aboutir à un compromis	to reach a compromise
en dernier ressort / recours	as a last resort

1.6 Important   *Important*

il faut :
    souligner l'importance de ...
    prendre au sérieux
    tenir compte du fait que ...
    insister sur le fait que ...

we must:
    emphasise the importance of ...
    take seriously
    take into account that ...
    emphasise that ...

quelque chose de notable	something noteworthy
un événement marquant	an important event
l'essentiel de l'affaire	the crux of the issue
le point crucial du débat } le nœud du débat	the crucial point of the discussion
le plus frappant ici c'est ...	the most striking thing here is ...
le débat tourne autour de ...	the discussion hinges on ...
poser un problème crucial	to pose a central problem
être pour beaucoup dans l'affaire	to count for a lot in the issue
une étape essentielle	a vital stage
un enjeu capital	a prime issue
de taille	a big issue
au cœur du débat	at the heart of the discussion
un facteur d'un poids décisif	a factor of decisive significance
qui pèse lourd	which weighs heavily
le point de mire	the focal point
la pierre angulaire	the cornerstone
le principe directeur	the guiding principle
une nécessité de premier plan	a priority need
jouer un rôle primordial prépondérant }	to play a major part
plusieurs points forts se dégagent	several important points emerge
il ne faut pas banaliser le danger	we must not play down the danger
il est utile de s'attarder sur ...	it is worth dwelling on ...
il ne faut pas passer sous silence tirer le rideau sur ... }	we must not draw a veil over ...
l'ampleur (f) des conséquences	the extent of the consequences
des conséquences d'une grande portée	far-reaching consequences

1.7 Pourquoi?   *Why?*

quelle est la raison pour laquelle ...
comment expliquer ...
la question est de savoir pourquoi ...

what is the reason for ...
what is the explanation for ...
the question is why ...

formuler la question	to formulate the question
tenter de déterminer les causes	to try to identify the causes
expliquer le pourquoi de …	to explain the reason(s) for …
il convient de se demander	it is appropriate to ask oneself
reste à comprendre pourquoi	it remains to work out why
le pourquoi et le comment	the whys and wherefores
il y a lieu de se demander	there is good reason to wonder
on est en droit de se demander	we have the right to wonder
remonter de l'effet à la cause	to work back from effect to cause
désigner les sources du mal	to pinpoint the origins of the ill

1.8 Parce que / à cause de *Because / because of*

étant donné que …	given that …
vu que …	considering that …
en raison de …	in view of …
face à / devant …	in the face of …
par suite de …	owing to …
grâce à …	thanks to …
mettre qqch. sur le compte de …	to attribute something to …
imputer qqch. à …	to put something down to …
pour de multiples raisons	for all sorts of reasons
cela peut s'expliquer par plusieurs facteurs	several contributing factors explain this
d'autres facteurs entrent en ligne de compte	other factors have to be taken into consideration
un simple rapport de cause à effet	a simple link between cause and effect

1.9 Les gens pensent que … *People think that …*

le sondage } l'enquête (f)	opinion poll
la grande majorité des … trouvent que …	the vast majority of … think that …
d'autres diront que …	others will say that …

certains soutiennent que …	some people maintain that …
on a tendance à croire que …	people tend to believe that …
nombreux sont ceux qui disent …	there are many who say …
les avis sont partagés sur ce point	opinions are divided on this matter
tout le monde s'accorde à reconnaître que …	everyone is agreed in recognising that …

sonder / déceler les opinions	to find out what people think
un échantillon de la population	a sample of the population
le préjugé	prejudice
l'idée reçue	commonplace idea
un point controversé	a controversial point
le parti pris	presupposition
l'évolution (f) de l'opinion publique	changes in public opinion
c'est dans l'air du temps	it's the fashionable view
une vision fort répandue	a very widely held view
un consensus semble se dégager	a consensus seems to be emerging
le bruit court que ...	rumour has it that ...
une part non négligeable du public	a considerable proportion of the public
certains préconisent ...	some people recommend ...
partout on aboutit au même constat	everywhere people are coming to the same conclusion
l'idée traîne un peu partout	the view is quite widely held
de nombreux observateurs ont émis la crainte que ... (+ subj)	numerous observers have expressed the fear that ...
il est d'ores et déjà acquis que ...	people now presuppose that ...
il est de notoriété publique que ...	it is (unwelcome) public knowledge that ...

1.10 À mon avis ...

In my opinion ...

il me semble que ...	it seems to me that ...
à mon sens } selon moi	as I see it
pour ma part	for my part
je suis sûr(e) / certain(e) persuadé(e) que ... }	I am certain that ...

le parti que je prends	the side I take
j'estime que ...	I consider that ...
je soutiens que ...	I maintain that ...
à ma connaissance	to the best of my knowledge
cela me paraît évident que ...	it seems obvious to me that ...
cela me conduit à penser que ...	that leads me to think that ...
je ne peux m'empêcher de penser que ...	I cannot help thinking that ...
ce qui me préoccupe, c'est ...	what bothers me is ...
ma prise de position	the line I take
je déclare sans retenue	I state without reserve
ma piste de réflexion	my line of thought
il y a fort à parier que ...	it is a very good bet that ...
il y a de fortes chances que ...	there is a strong chance that ...
qu'on ne s'y trompe pas	let there be no mistake about it
à tort ou à raison	rightly or wrongly

1.11 C'est une bonne idée — *It's a good idea*

logique	logical
sensé(e)	sensible
raisonnable	reasonable
un argument de poids	a forceful argument
qui se défend	a defensible argument
un jugement sain	a sound judgement
valide	a valid judgement
une idée nette / claire	a clear idea
juste	a sound idea
persuasive	a persuasive idea
convaincante	a convincing idea
puissante	a powerful idea
clairvoyante	a perceptive idea
perspicace	an idea which shows insight
pertinente	a relevant idea
un raisonnement imparable	an unanswerable argument

1.12 Je suis d'accord — *I agree*

bien entendu / c'est sûr	of course
je suis du même avis	I take the same view

sans réserve	unreservedly
je dois reconnaître que ...	I must concede that ...
j'abonde dans le sens de ...	I agree wholeheartedly with ...
je suis un ardent défenseur de ...	I am a vigorous defender of ...
j'accepte sans broncher	I accept / agree unflinchingly
sans équivoque	unequivocally
on considère à juste titre que ...	people rightly think that ...

1.13 C'est une mauvaise idée — *It's a bad idea*

impensable	unthinkable
inadmissible	unacceptable
inouï(e)	unbelievable
mal conçu(e)	ill-conceived
scandaleux(-euse)	scandalous
à court d'arguments cohérents	short of cogent arguments
coupé(e) des réalités du terrain	remote from the realities of life
l'idée se révèle fausse	the idea turns out to be wrong
ne repose sur rien de sérieux	there is no sound basis for the idea
il est hors de question de (+ *infin*)	to ... is out of the question

du pur délire	sheer lunacy
un outrage au bon sens	an outrage to common sense
un projet voué à l'échec	a plan doomed to failure
une stratégie qui s'avère inefficace	a strategy which is proving to be ineffective
une idée aberrante	an absurd idea
dépourvue de sens	a senseless idea
hautement contestable	a highly debatable idea
un argument qui manque de poids	an insubstantial argument
démenti par les faits	an argument belied by the facts
l'argument ne rime à rien	the argument does not add up
ne résiste guère à l'analyse	does not really withstand close analysis
ne dépasse pas la surface des choses	only skims the surface
ce n'est pas l'unique piste à explorer	it is not the only avenue to be explored
rien ne serait plus vain que (de + *infin*)	nothing would be more futile than (to) ...
à quoi cela sert-il de ... (+ *infin*)?	what is the point of ...?
mieux vaut s'en tenir à ...	it is better to stick to ...
où veut-on en venir?	what are they trying to achieve?
dépassons ces enfantillages	let's get beyond these childish ideas

1.14 Je ne suis pas d'accord / disagree

ma réaction est négative	I react negatively
je remets en cause	I call into question
je condamne nettement	I condemn outright
je tiens à exprimer mon mécontentement	I wish to express my displeasure
je m'élève contre ...	I protest against ...
je suis fermement opposé(e) à ...	I am firmly opposed to ...
je réfute cette théorie	I reject this theory
j'y trouve à redire	I find things wrong with this
je prends le contre-pied	I take the opposite view
il est peu probable que (+ *subj*)	it is unlikely that ...
personne n'imagine en effet que (+ *subj*)	nobody really imagines that ...
il n'est pas normal que (+ *subj*)	it is not acceptable that ...
rien n'est moins sûr	nothing is less certain
loin s'en faut	far from it
c'est tout le contraire	exactly the opposite is true
il est illusoire de s'imaginer que (+ *subj*)	it is fanciful to imagine that ...
il est invraisemblable que (+ *subj*)	it is improbable that ...
il y a peu de chances que (+ *subj*)	there is not much likelihood that ...
il est encore moins certain que (+ *subj*)	it is even less certain that ...

il y a quelque exagération à affirmer que ...	it is somewhat excessive to state that ...
l'erreur serait de croire que ... (+ *subj*)	the mistake would be to think that ...
il faut se garder de conclure que ...	we must be wary of concluding that...
contrairement à ce que prétend(ent) ...	contrary to the claims made by ...
qui pourrait soutenir que ... (+ *subj*)?	who could maintain that ...?
croit-on vraiment que ... (+ *subj*)?	do people really believe that ...?

1.15 C'est certain   *It is certain*

en effet en vérité à la vérité	in fact
sans aucun doute	undoubtedly

sans contredit	unquestionably
le constat	accepted fact
le fait établi	established fact
le fait indéniable incontestable	undeniable fact
il faut bien reconnaître que ...	it must be acknowledged that ...
rien n'est plus sûr	nothing is more certain
il est hors de doute que ... il ne fait aucun doute que ...	there is no doubt that ...
nul ne saurait douter que ...	nobody can doubt that ...
personne ne conteste le fait que ...	nobody challenges the fact that ...
force est de constater que ...	it must be stated that ...
un constat qui ne prête pas à débat	a fact beyond discussion
les experts se montrent formels	the experts are categorical
les chiffres l'attestent	the figures bear this out
tout contribue à cette certitude	everything contributes to this certainty

1.16 C'est évident   *It is obvious*

c'est clair et net manifeste	it is obvious
manifestement de toute évidence	obviously
fatalement	inevitably
chacun peut constater que ...	anyone can see that ...
inutile de dire que ...	needless to say ...
il n'est pas étonnant que (+ *subj*) il est normal que (+ *subj*)	it is only to be expected that ...
il va de soi que ...	it goes without saying that ...
on peut tenir pour acquis que ...	we can take it for granted that ...
tout porte à croire que ...	everything leads one to believe that ...

nul n'ignore (que) ...	nobody is unaware of (the fact that) ...
comment s'étonner que (+ *subj*)	it is hardly surprising that ...
rien d'étonnant à ce que (+ *subj*)	there is nothing surprising in that ...
comme il fallait s'y attendre	as was to be expected
il faut se rendre à l'évidence	one must submit to the obvious
c'est dans l'ordre des choses	it is in the nature of things
cela saute aux yeux	it is instantly obvious
cela se passe d'explication	it is self-explanatory

1.17 Et ...

And ...

d'ailleurs en / de plus } en outre	what is more

de / par surcroît	besides
par ailleurs	furthermore
à cela s'ajoute ...	in addition there is ...
il en est de même pour ...	the same is true for ...
on peut également constater	one can also see
à noter également que ...	it is also worth noting that ...
aller de pair avec	to go hand in hand with
et ainsi de suite	and so on

1.18 Mais ...

But ...

cependant } pourtant	however

néanmoins } toutefois	nevertheless
par contre } à l'inverse	conversely
en revanche	on the other hand
quoi qu'il en soit } n'empêche que ...	regardless of that
toujours est-il que ... } il n'en reste pas moins que ...	the fact remains that ...
sur un tout autre plan	on an entirely different level
il en va autrement pour ...	it is not the same in the case of ...
on peut à l'inverse soutenir que ...	conversely it can be maintained that ...

1.19 Donc ...

Therefore ...

le résultat	result
la conséquence	consequence

or, ...	so, ...
aussi (+ *inverted verb*)	so
d'où	as a consequence of which
par conséquent	consequently
par la suite	subsequently
la portée	impact, consequences
de fil en aiguille	one thing leading to another
il en résulte / découle (fatalement)	the (inevitable) result of this is
il s'ensuit que ...	it follows from this that ...
par voie de conséquence	as a consequence
compte tenu du fait que ...	taking account of the fact that ...
il s'avère que ...	it turns out that ...

1.20 Au sujet de ...   *On the subject of ...*

vis-à-vis de à propos de }	with regard to
en matière de ... en / pour ce qui concerne ... }	as far as ... is / are concerned
par rapport à à l'égard de }	with regard to
sur le plan de dans le cadre de dans l'optique de dans le domaine de }	in the area / context of

1.21 En général   *In general*

de manière générale	generally speaking
en règle générale	as a rule
quasiment	almost, practically
dans une large mesure	to a great extent
dans l'ensemble	on the whole
bon an mal an	on average
sur bien des plans	on a good many levels
à bien des égards	in many respects
à tous les égards	in all respects
en gros	roughly
tous / toutes ... confondu(e)s	taking all ... into account
la quasi-totalité	almost all
dans la mesure du possible	as far as possible
jusqu'à un certain point	up to a point
à de rares exceptions près	with few exceptions

1.22 De toute façon ...

Anyway ...

en tout cas	
de toute façon }	in any case
en tout état de cause	
en un certain sens	in one sense
en l'occurence	as it happens
pour ainsi dire	so to speak
à bien y réfléchir	if you really think about it
en quelque sorte	in a way
qu'on le veuille ou non	whether one likes it or not

1.23 Si c'est vrai

If this is true

s'il en est ainsi	if this is the case
dans ce scénario	in these circumstances
selon cette hypothèse	according to this supposition
à en juger par ...	judging by ...
pour autant qu'on puisse en juger	as far as one can judge
admettons / supposons que les choses en soient là	let us admit / suppose that things have come to this
si on n'écarte pas la possibilité	if one does not dismiss the possibility
dans l'éventualité de ...	in the event of ...
le cas échéant	should this arise

1.24 Dans le passé

In the past

autrefois }	
jadis	in days gone by
à ce moment-là	at the time (past)
à cette époque-là	in those days
des siècles durant	for centuries (in the past)
dans un passé récent	in the recent past
la décennie 90	the decade 1990–2000
à partir du milieu des années quatre-vingts	as from the mid-eighties
naguère	not so long ago / in recent times
il y a belle lurette	a long while ago (reminiscence)
cette époque est révolue	those times are past

1.25 Maintenant

Now

en ce moment	at the moment
pour l'instant	for the moment
jusqu'ici	up to now

à notre époque (f)	in our era
de nos jours	
à l'époque actuelle	these days
à l'heure actuelle	
à l'heure qu'il est	at the present time
par les temps qui courent	in the times we are living through
aux débuts des années 2000	in the early years of the 21st century

1.26 À L'avenir

In the future

aussitôt que possible	as soon as possible
tôt ou tard	sooner or later
désormais	
d'ores et déjà	from now on
dorénavant	
dans l'immédiat	in the immediate future
dans un proche avenir	in the near future
dans un premier temps	in the early stages
dans les plus brefs délais	as soon as possible
à plus longue échéance	in the longer term
à plus ou moins long terme	in the longer or shorter run
dans les ... prochaines années	in the next ... years
dans les décennies à venir	in decades to come

1.27 On verra bien

We shall see

l'avenir (m) / le futur	the future
s'attendre à	to expect
attendre avec impatience	to look forward to

difficile à prévoir	hard to foretell
imprévisible	unpredictable
qu'en sera-t-il de l'avenir?	what will the future bring?
que résultera-t-il de (+ noun) ...?	what will be the result of ...?
il est à prévoir que ...	it is possible to predict that ...
reste à savoir si ...	it remains to be seen whether ...
espérer que ...	the hope remains that ...
savoir ce qui en résultera	the outcome remains to be seen
seul l'avenir nous le dira	only time will tell
c'est de bon augure	it bodes well
c'est de mauvais augure	it bodes ill
on peut se perdre en conjectures	one could speculate for ever
se garder de tout pronostic	to refrain from making predictions
toutes ces perspectives apparaissent lointaines	all these visions seem far-off
l'incertitude plane sur ...	uncertainty hovers over ...
quoi qu'il advienne	whatever happens

prévoir l'hypothèse dans laquelle ...	to foresee a situation whereby ...
l'heure de vérité approche	the moment of truth is approaching
faire craindre le pire	to lead one to expect the worst
une perspective qui n'incite pas à l'euphorie (f)	a far from cheering prospect
rien ne laisse présager	there is no reason for predicting
dans la meilleure des hypothèses	if things turn out for the best
de réels motifs d'espoir	real grounds for hope
se dérouler selon les prévisions	to go according to plan
l'optimisme / le pessimisme reste de rigueur	one can only be optimistic / pessimistic
le catastrophisme n'est pas de mise	a gloom-and-doom attitude is inappropriate

1.28 Comme je l'ai déjà dit ... *As I have said before ...*

bref	in a word / in short
en d'autres termes } autrement dit }	in other words
j'en reviens toujours là	I come back to that point again
j'ai déjà constaté	I have already established
nous l'avons noté	we have noted the fact
je tiens à insister sur le fait que ...	I want to underline the fact that ...
cela revient à dire que ... } autant dire que ... }	this amounts to saying that ...
cela se réduit à ...	this boils down to ...

1.29 Finalement *Finally*

où en est-on vraiment?	where have we actually got to?
en somme } pour résumer }	to sum up
en fin de compte } tout compte fait }	when all is said and done
à tout prendre	taking everything together
à bien réfléchir } tout bien réfléchi }	after careful thought
l'heure est aux bilans	it is time to assess things
à l'heure des bilans	when you weigh things up
la conclusion qui s'en déduit	the conclusion which emerges from this
j'en viens à conclure que ...	I come to the conclusion that ...
restons-en là de notre examen de ...	let us leave our examination of ... at that point

1.30 Le temps

Time

un petit moment	a little while
un bon moment	quite a while
au bout d'un moment	after a while
longtemps	for a long time
en même temps	at the same time
la plupart du temps	most of the time
de temps en temps }	
à autre	from time to time
par intervalles	now and again
au même instant	at (precisely) the same moment
au même moment	at the same (period of) time
à partir du moment où …	from the time when …
dans un / le même temps	over the same period
au fil des années	as the years go by
sur une trentaine d'années	over a period of 30 years or so
du jour au lendemain	overnight
en un tournemain	in no time
en l'espace de trois ans	within three years (time taken)
dans un délai de quinze jours	within a fortnight
il est grand temps de ...	it is high time to ...
c'est l'occasion ou jamais de …	this is the ultimate opportunity to …
gagner du temps	to play for time
arriver à (l')échéance *(f)*	to reach the due date
sans échéance précise	without a definite time limit
remettre (aux calendes grecques)	to put off (indefinitely)
traîner en longueur	to drag on
s'étaler sur plusieurs années	to be spread out over several years

1.31 Quelques synonymes *Some synonyms*

absolument — **absolutely**
- carrément
- complètement
- entièrement
- globalement
- intégralement
- parfaitement
- pleinement
- totalement
- tout à fait

beaucoup — **considerably**
- considérablement
- énormément
- largement

bizarre — **odd**
- curieux
- étrange
- insolite
- singulier

causer — **to cause**
- amener
- déclencher
- engendrer
- entraîner
- occasionner
- produire
- provoquer
- susciter

certainement — **certainly**
- assurément
- évidemment
- incontestablement
- irréfutablement
- sûrement

dire — **to say**
- annoncer
- déclarer
- exprimer
- prononcer
- raconter
- signaler

incroyable   **unbelievable**
  étonnant
  extraordinaire
  fabuleux
  fantastique
  inconcevable
  inouï
  invraisemblable
  inimaginable
  prodigieux
  stupéfiant
  surprenant

pouvoir   **to be able**
  avoir la possibilité de
  être à même de
  être capable de
  être en état de
  être en mesure de

regrettable   **regrettable**
  attristant
  déplorable
  fâcheux
  navrant

terrible   **awful**
  affreux
  effrayant
  effroyable
  épouvantable
  horrible

vouloir faire   **to want to do**
  aspirer à faire
  avoir envie de faire
  désirer faire
  souhaiter faire

1.32 Quelques faux amis   *A few false friends*

Some French words of almost identical appearance to English ones have a totally different meaning. These are known as faux amis *or 'false friends'. Listed below are some of these words and their actual meanings, and on the facing page are the English words you may confuse them with, along with French translations.*

accommoder	to adapt
l'achèvement *(m)*	completion
actuel	present, current
l'agenda *(m)*	diary
agréer	to accept / acknowledge
l'agrément *(m)*	pleasantness
l'appréciation *(f)*	assessment
l'avertissement *(m)*	warning
l'avis *(m)*	opinion
le bachelier	B.A. / B.Sc.
bénévole	voluntary
la caution	deposit against damages
la confidence	confidential information
la déception	disappointment
le désagrément	unpleasantness
la dévotion	religious devotion
éventuellement	in the event
l'évidence *(f)*	obviousness
formellement	officially
le grief	grievance
l'injure *(f)*	insult
incessamment	without delay
inhabité	uninhabited
la lecture	reading
le ministère	ministry
les particuliers	private individuals
pathétique	moving
le préjudice	harm
prétendre	to claim (e.g. to be the best)
le procès	trial
la rente	private income
reporter	to postpone
sensible	sensitive
le stage	course (e.g. training)
le studio	one-bedroom flat
le surnom	nickname
le trouble	confusion, distress
user	to wear out
valable	valid
versatile	volatile

to accommodate	loger
achievement	l'accomplissement *(m)*
actual	vrai / réel
agenda (arrangements)	le programme
to agree	être d'accord
agreement	l'accord *(m)*
appreciation	la reconnaissance
advertisement	la publicité
advice	le conseil
bachelor	le célibataire
benevolent	**bienveillant**
caution	la précaution
confidence	la confiance
deception	la tromperie
disagreement	le désaccord
devotion	**le dévouement**
eventually	en fin de compte
evidence	la preuve
formally	**cérémonieusement**
grief	la douleur
injury	la blessure
incessantly	sans arrêt
inhabited	habité
lecture	la conférence
minister	le ministre
particulars	**les précisions** *(f)*
pathetic	lamentable
prejudice	**le préjugé**
to pretend	faire semblant
process	le processus
rent	le loyer
to report	signaler
sensible	sensé
stage	la scène
studio (e.g. artist's)	l'atelier *(m)*
surname	le nom de famille
trouble	les ennuis *(m)*
to use	utiliser
valuable	de (grande) valeur
versatile	**aux talents multiples**

1.32 Quelques faux amis

1.33 Faut-il une préposition? *Do I need a preposition?*

accuser qqn de faire	to accuse s.o. of doing
aider qqn à faire	to help s.o. to do
aimer (mieux) faire	to like (prefer) doing
apprendre à faire	to learn to do
arrêter de faire	to stop doing
arriver à faire	to manage to do
s'attendre à faire	to expect to do
chercher à faire	to seek to do
commencer à faire	to start to do
compter faire	to reckon on doing
conseiller à qqn de faire	to advise s.o. to do
continuer à / de faire	to continue to do
décider de faire	to decide to do
se décider à faire	to make up one's mind to do
défendre à qqn de faire	to forbid s.o. to do
demander à qqn de faire	to ask s.o. to do
désirer faire	to desire to do
devoir faire	to be obliged to do
dire à qqn de faire	to tell s.o. to do
empêcher qqn de faire	to prevent s.o. from doing
encourager qqn à faire	to encourage s.o. to do
espérer faire	to hope to do
essayer de faire	to try to do
éviter de faire	to avoid doing
finir de faire	to finish doing
hésiter à faire	to hesitate to do
inviter qqn à faire	to invite s.o. to do
menacer de faire	to threaten to do
mériter de faire	to deserve to do
offrir de faire	to offer to do
oser faire	to dare to do
oublier de faire	to forget to do
penser faire	to be thinking of doing
permettre à qqn de faire	to allow s.o. to do
pouvoir faire	to be able to do
préférer faire	to prefer to do
prier qqn de faire	to ask s.o. to do
promettre de faire	to promise to do
proposer de faire	to suggest doing
refuser de faire	to refuse to do
regretter de faire	to regret doing
renoncer à faire	to give up doing
réussir à faire	to succeed in doing
savoir faire	to know how to do
sembler faire	to seem to do
vouloir faire	to want to do

2

La vie de tous les jours

2.1 La vie en ville — *Town life*

2.1.1 Généralités — *Generalities*

la grande ville	city
l'habitant (*m*)	inhabitant
s'installer	to settle
le quartier	district within town
le voisinage	neighbourhood
les transports collectifs / en commun	public transport

le citadin	town dweller
en milieu urbain	in an urban setting
le cadre de vie idéal	ideal environment
défectueux	far from ideal environment
l'agglomération (*f*)	built-up area
le quartier des affaires	business district
le quartier commerçant	shopping district
la zone piétonnière / piétonne	pedestrian area
les bas quartiers	slums
l'espace vert	area of greenery
la zone industrielle	industrial estate
l'urbanisation (*f*)	urban development
le réaménagement	redevelopment
la transformation en quartier bourgeois	gentrification (of a district)
une ville champignon	boom town
en plein épanouissement	flourishing town
en récession	town in decline

2.1.2 Les inconvénients — *Disadvantages*

l'anonymat des grandes villes	anonymity of cities
l'engorgement (*m*)	congestion
l'agitation (*f*)	hectic activity
les gens affairés	busy people
irrespirable	unbreathable
le vacarme constant	constant din
le manque d'air frais	lack of fresh air
d'espaces verts	areas of greenery

le rythme de vie frénétique	hectic pace of life
la solitude	loneliness
l'absence d'aide mutuelle	absence of mutual help
le stationnement difficile	difficulty of parking
le surpeuplement	overcrowding
on ne se sent pas en sécurité	one does not feel safe

2.2 La vie en banlieue

Suburban life

2.2.1 La ville dortoir

The dormitory town

l'étalement urbain	urban sprawl
la zone périurbaine	suburban area
le quartier pavillonnaire	residential district with detached houses
faire la navette	to commute
la perte de temps	waste of time
les frais (*m*) de déplacement	travelling expenses
l'heure (*f*) de pointe	rush hour
métro-boulot-dodo	underground – work – sleep (daily routine)
les transports peu fiables	unreliable transport
bondés	overcrowded transport
le réseau surchargé	overloaded network
le calvaire quotidien	daily ordeal

2.2.2 La cité

The housing estate

le grand ensemble	housing complex
mal conçu	ill-conceived
les tours délabrées	dilapidated tower blocks
le quartier défavorisé	depressed area
les quartiers déshérités	neglected areas
les jeunes désœuvrés	young people with nothing to do
la criminalité sévit	crime is rife

2.3 La vie à la campagne

Country life

2.3.1 L'agriculture

Agriculture

agricole	agricultural
cultiver qqch.	to grow something
le paysan	peasant, small-holder
le terrain	plot of land

le campagnard	country dweller
le domaine	country estate
l'exploitation (f) agricole	farm
la parcelle de terre	small plot / strip of land
l'agriculteur ⎫ le cultivateur ⎭	farmer
le rendement	yield
l'éleveur (m)	livestock breeder
l'élevage (m)	livestock breeding
le bétail	livestock
le troupeau	flock
la volaille	poultry
la culture	crop growing
la moisson	harvesting of crops
la récolte	the harvested crop
le vigneron	wine-grower
le vignoble	vineyard
la vendange	grape harvest
le fin fond de la campagne	the depths of the country
la France profonde	the (rural) heart of France
les exploitants agricoles	farming community
le maraîcher	market gardener
le métayer	tenant farmer

2.3.2 Les bienfaits   *Benefits*

tranquille	peaceful
la tranquillité / le calme	peace and quiet
sain	healthy

le retour à la nature	return to nature
respirer l'air frais	to breathe fresh air
non pollué(e)	unpolluted
le rythme de vie reposant	relaxing pace of life
apporter l'apaisement (m)	to have a soothing effect
l'autosuffisance (f)	self-sufficiency
le sens de la communauté	community spirit
l'esprit de cohésion	solidarity
le sentiment d'appartenance	sense of belonging

2.3.3 Les inconvénients

l'isolement (*m*)	isolation
le manque de prestations	lack of facilities
une gamme peu étendue d'activités	limited variety of things to do
le manque de distractions	lack of entertainment
commerces	shops
transports en commun	public transport
structures médicales	medical facilities
le déclin économique	economic decline
la faiblesse des revenus agricoles	low level of income from farming
l'exode rural	population shift from country to town
le dépeuplement	decrease in population
le flux d'émigration	outflow of people
un faible apport d'immigrants	small numbers moving in
le déséquilibre entre actifs et retraités	imbalance between those still working and those retired

2.4 Le logement   *Accommodation*

l'appartement (*m*)	apartment
l'immeuble (*m*)	apartment block
la villa	detached house
le propriétaire	owner
le locataire	tenant

le pavillon	detached house (often suburban)
la résidence secondaire	second home
un HLM (habitation (*f*) à loyer modéré)	council flat
le studio	studio flat
la chambre meublée	bedsitter
se trouver à l'étroit	to lack space
les loyers élevés	high rents
l'immeuble (*m*) vétuste	run-down building
de grand standing	luxury apartment block
le logement social	local authority housing
le parc immobilier	housing stock / number of properties nationwide
le parc locatif	stock of housing available to be let
le parc locatif social	stock of local authority housing
la pénurie de logements locatifs	shortage of rented property
le rétrécissement de l'offre	decline in the amount of housing available

2.5 Les besoins matériels *Material needs*

l'article (*m*)	item
les marchandises (*f*)	goods
s'offrir qqch.	to treat oneself to something

les biens (*m*) de consommation	consumer goods
une gamme de produits	a range of products
le prix abordable	affordable price
le (bon) rapport qualité-prix	(good) value for money
une bonne affaire	a bargain
la carte de fidélité	loyalty card
l'achat sur Internet	online shopping
le téléachat	shopping from TV programme
acheter par correspondance	to shop by mail order
dépensier(-ière)	extravagant
l'achat non réfléchi	impulsive purchase
dilapider de l'argent	to fritter money away
haut de gamme	top of the range

2.6 La vie spirituelle *Spiritual life*

2.6.1 La croyance *Belief*

le croyant	believer
les fidèles	the faithful
pratiquer une religion	to practise a religion
le pratiquant	church-goer
avoir la foi	to have faith
croire en un être supérieur	to believe in a higher being
mettre sa confiance en Dieu	to put one's trust in God
le prophète	prophet
prier	to pray
la prière	prayer
l'âme (*f*)	soul
la foi chrétienne	Christian faith
le catholicisme	Roman Catholicism
le protestantisme	Protestantism
l'église orthodoxe	Orthodox Church
le juif / la juive	Jew
musulman	Muslim
hindou	Hindu
bouddhiste	Buddhist
le puritain	puritan
un agnostique	agnostic
un athée	atheist

2.6.2 Le principe

le code moral	moral code of behaviour
le Bien et le Mal	good and evil
le péché	sin
sacré	sacred
s'approcher de Dieu	to get closer to God
la paix intérieure	inner peace
la vie éternelle	eternal life
l'au-delà	the hereafter
le cheminement spirituel	travelling a spiritual path
accepter une religion dans son intégralité	to accept every aspect of a religion
adhérer à une religion en en refusant certains aspects	to belong to a religion while rejecting certain aspects of it

2.6.3 La pratique

la ferveur	religious fervour
l'intégrisme (m)	fundamentalism
se confesser	to go to confession
l'offrande (f)	offering / donation
l'ecclésiastique	member of the clergy
le prédicateur	preacher
le prêtre	priest
le rabbin	rabbi
l'imam	imam
le culte	worship
l'office (m)	service
la messe	mass
la fête religieuse	religious festival
demander à Dieu d'exaucer un vœu	to ask God to grant a wish

3

Les jeunes et leurs loisirs

3.1 Généralités / *Generalities*

faire des courses	to go shopping
faire du lèche-vitrines	to go window shopping
aller en boîte	to go to a night club
boire un verre ensemble	to have a drink together
la MJC (Maison des Jeunes et de la Culture)	youth club
le jeu vidéo	video game

le groupe des pairs	peer group
se réunir entre copains	to get together with friends
le sentiment d'appartenance	sense of belonging
parler de la pluie et du beau temps	to talk about this and that
les sujets de préoccupation du moment	topical issues
traîner dans la rue	to hang around in the street
être (ir)responsable	to behave (ir)responsibly

3.2 Ma chambre / *My room*

le domaine	territory
privé	private
personnel	personal
un abri	shelter
avoir la paix	to have peace and quiet
écouter de la musique	to listen to music
passer du temps sur son portable	to spend time on one's mobile
faire ses devoirs	to do one's homework
recevoir les copains	invite friends in

le besoin d'espace personnel	need for personal space
s'enfermer	to shut oneself away
se réfugier	to take refuge
disposer d'un lieu à soi	to have a place to yourself
fuir les espaces familiaux	to get away from the family areas
se retrancher dans sa chambre	to take refuge in one's room
la bulle protectrice	protective bubble
à l'abri des regards	sheltered from the gaze of others
le décor personnalisé	personalised décor

le mur tapissé de posters	wall covered in posters
des restes d'enfance	things left over from childhood
surfer sur l'ordinateur	to surf the web on the computer
les échanges personnels intimes	intimate personal conversations
les exigences des parents	parental requirements
en termes de nettoyage	in terms of cleaning
rangement	tidying
linge sale	dirty laundry
le sujet d'accrochage	subject of arguments
la lutte quotidienne	daily battle
faire du désordre un comportement d'opposition	to use a mess as an expression of resistance
une intrusion insupportable	intolerable intrusion

3.3 La vie sociale   *Social life*

(se) présenter	to introduce (oneself)
faire la connaissance de qqn	to meet s.o. for the first time
laisser ses coordonnées	to give one's contact details
prendre / se donner rendez-vous	to make a date
s'entendre avec	to get on well with
fréquenter	to have regular contact with
l'ami(e) intime	close friend
compter sur	to rely on

mener sa propre vie	to lead one's own life
la prise de contact	first meeting
les relations (f)	contacts
se lier d'amitié avec	
nouer une amitié avec }	to make friends with
prendre qqn en amitié	
le besoin de se confier à qqn	need to confide in s.o.
le / la confident(e)	person you confide in
parler à cœur ouvert	to reveal one's feelings
une âme sœur	soul-mate
partager de bons moments	to share good times
partager le même look	to share the same 'look'
langage	language
avoir les mêmes idéaux	to have the same ideals
goûts musicaux	musical tastes
faire la fête	to party
la décompression	letting off steam
l'amourette (f)	flirtation
le désir d'intégration sociale	desire to fit in socially
quitter le cocon familial	to leave the family nest
se soustraire au contrôle des parents	to get away from parental control
être à l'abri du regard des adultes	to be sheltered from adult scrutiny

3.4 La musique   *Music*

3.4.1 Les moyens   *The means*

la chanson	song
un air	tune
le chanteur / la chanteuse	singer
le guitariste	guitarist
le batteur	drummer
sortir un disque	to release a record
le tube	hit
un album	album
le concert	concert

l'enregistrement (*m*)	recording
le lecteur mp3	MP3 player
télécharger un fichier musical	to download a music file
le clip vidéo	video clip
un héros populaire	a popular hero
un objet de culte	a cult figure
une star médiatique	a media star
avoir une présence scénique	to have a stage presence
la musique engagée	music with a message
exprimer ses émotions	to express one's emotions
la tendresse	tenderness
la tristesse	sadness
la violence	violence
la rébellion	rebellion

3.4.2 Les effets   *Effects*

une source de plaisir	source of pleasure
de divertissement	entertainment
d'évasion	escape
un moyen de socialisation	a way of making social contact
un langage universel	universal language
fournir un moyen d'expression	to provide a means of expression
être sensible à certains textes de chansons	to be sensitive to certain lyrics
se reconnaître dans les paroles	to recognise oneself in the words
d'une chanson	of a song
faire passer un message	to get a message across
réveiller les esprits	to awaken people's minds
la musique influence ma façon de:	music influences the way I:
m'habiller	dress
me maquiller	do my make-up
s'identifier à un groupe	to identify with a group

constituer un repère	to provide a point of reference
un échappatoire	an escape mechanism
s'extraire de la réalité	to get away from reality
se déconnecter de ce monde	to switch off from the world
se forger une identité à travers un chanteur	to create an identity for oneself through a singer
vénérer les idoles du moment	to worship the idols of the moment
calquer son comportement sur celui de son idole	to imitate exactly the behaviour of one's idol
la musique est indissociable de l'affectif	music is inseparable from emotional life

3.5 La mode   *Fashion*

3.5.1 Ce dont il s'agit   *What it is about*

le style	style
la coupe	cut
la couleur	colour
la nouveauté	latest thing
à la mode	in fashion

le choix vestimentaire	choice of clothes
large	loose-fitting
moulant	tight-fitting
la course aux derniers modèles	race for the latest models
les marques les plus cotées	the most popular brands
la basket de marque	branded trainers
le tee-shirt siglé	T-shirt with designer label
le vêtement (non) griffé	item of clothing with(out) designer label
s'habiller de façon voyante	to dress ostentatiously
rajouter des accessoires	to add accessories
faire pression sur les parents pour se voir offrir les vêtements à la mode	to put pressure on one's parents to be bought trendy clothes
créer des divisions sociales	to create social divides
provoquer un sentiment d'injustice	to provoke a feeling of injustice

3.5.2 Et pourquoi   *And why*

faire un rapprochement entre ce qu'on porte et ce qu'on est	to make a connection between what we wear and what we are
satisfaire un besoin d'identification	to satisfy the need for an identity
un style qui reflète mes idées mes goûts	style which reflects my ideas tastes
fortement conditionné par ...	strongly influenced by ...
le matraquage publicitaire	advertising hype

le culte du héros	the cult of the idol
s'identifier à une star	to identify with a star
une obsession pour les marques	obsession with brand-names
obéir à un marché	to follow market trends
la reconnaissance sociale	recognition by society
le désir de se sentir intégré	desire to feel integrated
se fondre dans le groupe	blend in with the group
la peur d'être exclu	fear of being excluded
se démarquer des adultes	**to differentiate oneself from adults**
affirmer ses différences par rapport aux autres	**to assert the differences between oneself and others**
être estampillé selon les normes en vigueur	**to wear labels in line with current practice**
le facteur d'intégration au sein d'un groupe	**the issue of being accepted by a group**
le code d'appartenance au groupe	code of group membership

3.6 Le cinéma / Cinema

le cinéphile	regular film goer
un(e) mordu(e) de cinéma	film buff
la salle d'art et d'essai	'arts' cinema
la vedette	film star
la sortie en salle	general release
passer	to be showing
le long-métrage	feature film
le court-métrage	short film
la comédie dramatique	drama
le western	western
le film à faible budget	low-budget film
à gros succès	blockbuster
à grand spectacle	epic
d'action	action film
d'animation	cartoon
d'aventures	adventure film
biographique	biopic
catastrophe	disaster film
comique	comedy
d'épouvante	horror film
d'espionnage	spy film
fantastique	supernatural thriller
de guerre	war film
muet	silent film
policier	detective film
de science-fiction	science fiction
de suspense	thriller
'x' / hard	'pornographic' film
interdit aux moins de 18 ans	'18' film

être attiré par l'interdit	to be attracted by what is forbidden
être à la recherche de fortes sensations	to be looking for powerful sensations
la cascade	stunt
l'image (*f*) de synthèse	computer-generated image
les effets spéciaux	special effects
vivre des moments d'émotion	to experience moments of emotion
le moyen d'évasion	means of escape
être transporté(e) hors de la réalité	to be carried away from the real world
susciter le rire	to make people laugh
la peur	scared

3.7 Autres activités culturelles

Other cultural activities

le spectacle	show
le divertissement	entertainment
la pièce de théâtre	play
être à l'affiche	to be showing, running
l'amateur(-trice) de théâtre	theatre-goer
assister à	to attend
la représentation	performance
la distribution	cast(ing)
interpréter un rôle	to play a part
faire du théâtre	to go on the stage
l'acteur(-trice)	actor / actress
le comédien / la comédienne	actor / actress
le / la comique	comedian / comedienne
la mise en scène	production
le metteur en scène	director
le décor	scenery
la scène	stage
faire salle comble	to play to full houses
le danseur / la danseuse de ballet	ballet dancer
la danseuse étoile	prima ballerina
l'opéra (*m*)	opera
la comédie musicale	musical
le cours de musique	music lesson
chant	singing lesson
le musée	museum
la galerie d'art	art gallery
la peinture	painting
la sculpture	sculpture
l'exposition (*f*)	exhibition
le monument historique	historic building

3.8 Les activités sportives *Sporting activities*

3.8.1 Qui et où *Who and where*

l'amateur de sport	sports fan
l'athlète	athlete
le sportif / la sportive	sportsman / sportswoman
le / la gymnaste	gymnast
le joueur de ...	... player
le rugbyman	rugby player
amateur	amateur
professionnel(le)	professional
l'équipe (f)	team
le gymnase	gymnasium
le stade	stadium
la piscine	swimming pool

l'entraîneur	trainer
l'arbitre (m)	referee
les équipements sportifs	sports facilities
le matériel	equipment
le club de remise en forme	health / fitness centre

3.8.2 Les activités *The activities*

faire de l'exercice	to take exercise
pratiquer un sport	to practise a sport
participer à	to take part in
l'athlétisme (m)	athletics
l'éducation (f) physique	physical education
entretenir sa forme	to keep fit
la course	race

les sports de compétition	competitive sport
en salle	indoor sports
de plein air	outdoor sports
collectifs	team sports
individuels	individual sports
nautiques	water sports
la musculation	weight training
le jeu d'équipe	team game
s'entraîner	to train
les techniques (f) d'entraînement	training techniques
concourir	to compete
la compétition	competition
disputer un match	to play a match

La famille

4.1 La vie à deux — *Living as a couple*

l'ami(e)	partner / boyfriend / girlfriend
le mari	husband
l'époux	
la femme	wife
l'épouse	
se fiancer	to get engaged
épouser qqn	to marry s.o.
se marier avec qqn	
le ménage	couple, household
avoir un bon rapport avec ...	to have a good relationship with ...

trouver le / la partenaire idéal(e)	to find the ideal partner
l'amour *(m)* **réciproque**	love for each other
nouer une relation solide	to build up a secure relationship
les fiançailles *(f)*	engagement
le mariage civil	civil wedding
religieux	church wedding
l'état civil	marital status
le conjoint	spouse
le pacte civil de solidarité (PACS)	civil partnership
le / la partenaire	civil partner
l'union *(f)* libre	living together
la cohabitation	
emménager	to move in
vivre en couple / concubinage	to live together
sous le même toit	under the same roof
la relation stable	stable relationship
durable	lasting relationship
satisfaisante	fulfilling relationship
l'engagement à long terme	long-term commitment
entretenir une relation suivie	to have a long-term relationship
partager le quotidien	to share daily life
la mésentente	difference of opinion
la fidélité	faithfulness
rester fidèle	to remain faithful
la diminution du nombre de mariages	reduction in the number of marriages
la reconnaissance juridique du couple de même sexe	legal recognition of same-sex couples
rester célibataire	to stay single

4.2 La distribution des rôles *Who plays what part*

les rôles conjugaux	parts played in a marriage
la révision des rôles traditionnels	revision of traditional roles
être en pleine mutation	to be going through major changes
l'égalité (*f*) entre les sexes	sexual equality
l'équilibre (*m*) masculin-féminin	balance between male and female
vivre sur un pied d'égalité	to live on an equal footing
le ménage à double carrière	couple where both partners work
la répartition des tâches	sharing out of tasks
participer aux tâches domestiques	to take part in domestic chores
l'implication des hommes dans ...	the involvement of men in ...
le besoin d'autonomie	need for independence
garder des activités à soi	to keep some activities for oneself
se réaliser à travers une activité professionnelle	to fulfil oneself through a professional activity
garder une indépendance financière	to preserve financial independence
la répartition du pouvoir au sein du couple	power-sharing within a couple

4.3 Le métier de parent *Parenting*

4.3.1 Les débuts *Starting out*

le père / la mère célibataire	single parent
le planning familial	family planning
fonder un foyer	to start a family
être enceinte	to be pregnant
accoucher	to give birth
assister à l'accouchement	to be present at the birth
s'occuper d'un enfant en bas âge	to look after a young child
élever	to bring up

4.3.2 Le soutien *Support*

soutenir	to support
subvenir aux besoins de qqn	to provide for the needs of s.o.
le besoin d'être sécurisé	need to feel secure
encouragé	encouraged
la constance du cadre	stability of environment
un environnement balisé	an environment with clear markers
servir de modèle	to act as a role model
cohérent	consistent
transmettre certaines valeurs	to hand down certain values
attentif aux besoins de l'enfant	attentive to the child's needs

l'équilibre affectif	emotional balance
alimenter la confiance en soi d'un enfant	to feed a child's self-confidence
créer l'autonomie nécessaire pour grandir	to create the independence needed in order to grow up

4.3.3 Les règles

expliquer les règles (f)	to explain the rules
les interdictions (f)	what is not allowed
imposer des limites	to set limits
savoir être ferme	to know how to be firm
compréhensif	understanding
les deux parents doivent parler d'une même voix	both parents must speak with the same voice
reprocher qqch. à qqn	to tell s.o. off about something
gronder	to scold
priver de	to deprive of
apprendre à se comporter par l'exemple	to teach / learn how to behave by example
apprendre à l'enfant à:	to teach a child to:
se confronter à des limites	face up to boundaries
maîtriser ses émotions	to control his / her emotions
donner des repères	to provide points of reference
instaurer un code de bonne conduite	to establish a code of good behaviour

4.3.4 Les pièges

Pitfalls

la crainte d'être trop sévère	fear of being too strict
laxiste	lax
être autoritaire	to be authoritarian
être trop indulgent ⎫ complaisant ⎭	to be over-indulgent
l'émergence de l'enfant-roi	the emergence of the child who rules the roost
gâter un enfant avec des biens matériels	to spoil a child with material things
céder à tous ses caprices	to give in to all his / her whims
faire de lui / d'elle un petit tyran	to make a little tyrant out of him / her
surprotéger	to over-protect
voir l'enfant comme un prolongement de soi-même	to see one's child as an extension of oneself
placer la barre trop haut	to set unrealistic goals
abuser de son autorité sur ...	to take advantage of one's power over ...
se faire obéir à tout prix	to get obedience at any price
faire régner la peur pour arriver à ses fins	to use fear to achieve one's ends

dramatiser le moindre incident	to make a drama out of the slightest incident
faire du chantage affectif	to indulge in emotional blackmail
laisser de profondes cicatrices	to leave deep scars

4.4 Le désamour

Falling out of love

des hauts et des bas	ups and downs
être difficile à vivre	to be difficult to live with
d'un commerce difficile	get on with
les défauts et les points faibles	faults and weaknesses
le manque de communication	lack of communication
l'incompatibilité (*f*)	incompatibility
le refroidissement	cooling of relations
la désunion (*f*)	marital disharmony
se sentir las(se) de son compagnon	to feel tired of one's partner
les reproches mutuels	mutual reproach
la relation conflictuelle	stormy relationship
maltraiter	to ill-treat
la maltraitance	ill-treatment
la violence conjugale	domestic violence
l'adultère (*m*)	adultery
la trahison	betrayal
délaisser	to abandon
l'abandon (*m*) du conjoint	desertion
le sentiment de rejet	feeling of rejection
rompre avec qqn	to break off a relationship with s.o.
la rupture	break-up

4.5 La séparation

Separation

se séparer de	to separate from
se terminer par un divorce	to end in divorce
divorcer d'avec	to divorce
le partage des biens	dividing up the property
le désarroi	mental confusion
s'effondrer	to collapse
la blessure narcissique	injury to one's self-esteem
le bouleversement familial	turning the family upside down
la dissolution de la famille	the breaking up of the family
le conflit prolongé	prolonged dispute
le règlement de comptes	settling of scores
le retentissement sur l'enfant	effect on the child
l'enfant se sent responsable	the child feels responsible
prendre parti pour un parent	to take sides with one parent
essayer de réconcilier les parents	to try to bring parents together again
utiliser l'enfant comme porte-parole intermédiaire	to use the child as a messenger go-between

le chantage affectif	emotional blackmail
le conflit de loyauté	conflict of loyalty
le droit de visite	visiting rights
le droit de garde	custody
la garde alternée	shared custody of children
la résidence alternée	living with each parent in turn
le foyer monoparental	one-parent family

4.6 La famille recomposée — *The reconstituted family*

un nouveau conjoint	a new partner / spouse
le beau-père / la belle-mère	stepfather/mother
le demi-frère / la demi-sœur	half-brother/sister
amener ses enfants d'une précédente union	to bring children from a previous marriage
créer une nouvelle cellule familiale	to create a new family unit
l'enfant réagit par le rejet de ...	the child reacts by rejecting ...
l'enfant cherche un bouc émissaire	the child looks for a scapegoat
perçoit ... comme un intrus	regards ... as an intruder
la jalousie	jealousy
essayer de se substituer au parent absent	to try to take the place of the absent parent
avoir du mal à se faire respecter	to find it hard to win respect
une ambiance glaciale	a frosty atmosphere
s'adapter à de nouvelles habitudes	to adapt to new habits
éviter d'imposer ses idées sur ...	to avoid forcing one's ideas on ...
gagner la confiance de	to win the confidence of
développer un rapport	to develop a relationship
rester en retrait	to stand back
veiller à ne privilégier personne	to make sure not to show favouritism
gérer les rivalités	to manage the rivalries
tisser des liens	to weave closer ties
respecter des règles communes	to respect rules which apply to all
se sentir sur un pied d'égalité	to feel that one is being treated equally
vivre harmonieusement	to live in harmony

4.7 Le fossé des générations — *The generation gap*

4.7.1 La contestation — *Challenge*

la crise d'identité	identity crisis
être en quête d'identité	to be searching for one's identity
avoir soif de liberté	to have a thirst for freedom
avoir des parents dépassés	to have old-fashioned parents
étroits d'esprit	narrow-minded parents

loin des réalités du moment	remote from what is going on now
le parent gendarme	parent who behaves like a police officer
prêcheur	preaches at his child
critique	criticises all the time
routinier	is in a rut
mettre en question	to call into question
s'opposer à	to oppose
le mouvement d'humeur	show of irritation
une attitude contestataire	an attitude which calls things into question
le carcan du règlement	straitjacket of rules
pousser à bout	to push to the limit
rejeter l'autorité parentale	to reject parental authority
s'affranchir de ...	to free oneself from ...
tester les limites	to test the boundaries
la solidité du cadre	soundness of one's environment
mettre les parents au banc d'essai	to put parents on trial
enfreindre les interdits	to do what is forbidden
faire sauter les règles	to break all the rules
donner du fil à retordre à ses parents	to make trouble for one's parents

4.7.2 Les réactions

Reactions

faire des reproches constants	to reproach endlessly
commenter ses fréquentations	to comment on who one goes around with
mitrailler de questions	to fire questions at
avoir des réactions démesurées	to over-react
un accrochage	clash
le manque de compréhension	lack of understanding
un fossé d'incompréhension se creuse	a gulf of lack of understanding gets deeper
l'affrontement (*m*) des points de vue	confrontation of points of view
avoir des relations tendues	to have a tense relationship
être fâché(e) avec	to be on bad terms with
une mauvaise affinité réciproque	a lack of mutual sympathy
rétablir l'ordre à tout prix	to re-establish order at all costs
renoncer à imposer son autorité	to give up imposing one's authority
faire la sourde oreille	to turn a deaf ear
espérer que les choses s'arrangeront d'elles-mêmes	to hope that things will sort themselves out
maintenir le dialogue	to keep communication going
chercher un terrain d'entente	to look for an area of agreement
traiter comme un adulte	to treat like an adult

se placer dans l'optique de qqn
être structurant en gardant
    de la souplesse
l'écoute et le respect
    réciproque

to put oneself in s.o. else's place
to provide structure while being
    flexible
listening to and respecting
    each other

5

Les rapports humains

5.1 Les connaissances *(f)* *Acquaintances*

(se) présenter	to introduce (oneself)
faire la connaissance de qqn	to meet s.o. for the first time
s'entendre avec	to get on well with

la prise de contact	first meeting
rompre la glace	to break the ice
avoir affaire à	to have dealings with
fréquenter qqn	to have regular contact with s.o.
prendre qqn en amitié ⎫ se lier d'amitié avec ⎭	to make friends with
un(e) ami(e) de longue date	a long-standing friend

5.2 Les comportements *Ways of behaving*

la gentillesse	kindness
la patience	patience
l'impatience *(f)*	impatience
la politesse	politeness
l'impolitesse *(f)*	discourtesy

l'attitude *(f)* envers qqn	attitude towards s.o.
faire preuve de ⎫ démontrer ⎭	to show (a quality, attitude)
la courtoisie	courtesy
la générosité	kindness, generosity
la méchanceté	nastiness
le manque de courtoisie	lack of courtesy
la franchise	frankness
l'hypocrisie *(f)*	hypocrisy
avoir un comportement bizarre	to behave strangely
égoïste	selfishly
grossier	rudely
honteux	shamefully
ignoble	disgracefully
nadmissible	unacceptably
orgueilleux	with arrogance
être d'un tempérament difficile	to be hard to get on with
agréable	easy to get on with

agir de bonne foi	to act in good faith
ménager qqn	to treat s.o. with consideration
être plein(e) de prévoyance pour qqn	to go out of one's way to please s.o.
agir par intérêt personnel	to act out of self-interest

5.3 La vie affective

Emotional life

le / la confident(e)	person you confide in
une âme sœur	soul-mate
faire confiance à qqn	to put your trust in s.o.
apporter du réconfort	to give comfort
soutien moral	moral support
affectionner	to feel affection for
s'éprendre de	to fall for
le coup de foudre	love at first sight
parler à cœur ouvert	to reveal one's feelings
être (follement) amoureux(-euse) de qqn	to be (madly) in love with s.o.
entretenir une relation suivie	to have a long-term relationship
céder / se plier à la volonté de qqn	to bow to s.o.'s will
être sous l'autorité de qqn ⎫	
la coupe de qqn ⎭	to be under someone's thumb
la mainmise sur autrui	control over others
les relations connaissent des hauts et des bas	relationships have ups and downs
le refroidissement	cooling of relations
rompre avec qqn	to break off a relationship with s.o.
avoir le cœur brisé	to be broken-hearted
se sentir libéré	to feel liberated
perdre qqn de vue	to lose contact with s.o.

6 La santé

6.1 Préoccupations — *Concerns*

l'allergie (f)	allergy
être allergique à	to be allergic to
l'asthme (m)	asthma
le taux de cholestérol	cholesterol level
le surpoids	excessive weight
l'obésité (f)	obesity
l'hypertension (f)	high blood pressure
le diabète	diabetes
les maladies cardiovasculaires	cardiovascular illnesses
l'infarctus (m)	heart attack
la maladie d'Alzheimer	Alzheimer's disease
contagieuse	contagious illness
infectieuse	infectious disease
génétique	genetic illness
héréditaire	hereditary illness
se propager	to spread
l'épidémie (f)	epidemic
la grippe aviaire	bird flu
porcine	swine flu
le fléau planétaire	world-wide scourge
le système immunitaire	immune system
VIH	HIV
le SIDA	AIDS
le paludisme	malaria
cancérigène	carcinogenic

6.2 La maladie — *Illness*

6.2.1 Être souffrant(e) — *Being unwell*

avoir des problèmes de santé	to have health problems
se sentir malade	to feel ill
avoir mal au cœur	to feel sick
être un peu fatigué(e)	to be under the weather
la douleur (atroce)	(agonising) pain
douloureux	painful
garder le lit	to stay in bed
le microbe	germ
le virus	virus

présenter les symptômes de ...	to show the symptoms of ...
empirer }	to get worse
s'aggraver }	
la maladie de longue durée	long-term illness
se remettre }	to recover
se rétablir }	
la guérison }	recovery
le rétablissement }	
être en voie de guérison	to be on the road to recovery

6.2.2 Les traitements *Treatments*

le médecin généraliste	general practitioner
le chirurgien dentiste	dental surgeon
le cabinet de consultation	doctor's / dentist's surgery
la consultation	visit to the doctor
l'examen médical	medical examination
être hospitalisé(e)	to be taken to hospital
le centre hospitalier	general hospital
la clinique	private hospital
les premiers soins	first aid
le médicament	medicine

se faire soigner	to get medical attention
le médecin conventionné	National Health doctor
l'infirmier / l'infirmière	nurse
la radiographie	X-ray
une analyse de sang	blood test
le diagnostic	diagnosis
le dépistage précoce	early diagnosis
suivre un traitement	to have treatment
l'ordonnance (f)	prescription
le comprimé	pill
la piqûre	injection
le remède	cure (remedy)
la posologie	dosage
les antibiotiques (m)	antibiotics
le vaccin	vaccine
les effets secondaires	side effects
le / la spécialiste	consultant
le chirurgien	surgeon
se faire opérer	to have an operation
une intervention chirurgicale	an operation
la transfusion sanguine	blood transfusion

6.2.3 Les cas d'urgence

Emergencies

l'accident domestique	accident in the home
du travail	at work
de la route	road accident

le SAMU (service d'aide médicale urgente)	emergency ambulance service
les urgences (*fpl*)	casualty department
la chute	fall
l'intoxication (*f*) (alimentaire)	(food) poisoning
la fracture	fracture
la blessure profonde	deep wound
la brûlure	burn
la tentative de suicide	attempted suicide
l'arrêt cardiaque (*m*)	cardiac arrest

6.2.4 Les malades incurables

The terminally ill

inopérable	inoperable
en phase terminale	incurable
l'hôpital pour grands malades en phase terminale	hospice
grabataire	bedridden
le cas désespéré	patient at death's door
l'archarnement (*m*) thérapeutique	desperate attempt to provide therapy
les soins palliatifs	medication to relieve pain / palliative care
alléger la douleur	to relieve pain
le respirateur	life-support machine

6.2.5 Le débat moral

The moral debate

l'euthanasie (*f*) (volontaire)	(voluntary) euthanasia
mettre fin à des souffrances	to bring an end to suffering
administrer une dose mortelle	to administer a fatal dose
débrancher un(e) patient(e) en coma irréversible	to switch off the life-support machine of a patient in a terminal coma
le dilemme entre la conscience et le droit	the dilemma of conscience versus the law
respecter la volonté du patient	to respect the patient's wishes
le mépris de l'être humain	contempt for the human being
une atteinte à la dignité de l'individu	assault on human dignity
être contraire aux principes du droit	to be against basic legal rights

6.3 Garder la forme   Keep fit

la forme physique	physical fitness
être en bonne santé	to be in good health
sain	healthy
le gymnase	gym
faire de l'exercice (m)	to take exercise
l'activité (f) physique	physical activity
pratiquer un sport	to practise a sport

être bien portant(e)	to be well
avoir du tonus	to be full of energy
faire un bilan de santé	to have a check-up
le mode de vie	life style
une bonne hygiène de vie	healthy life style
ménager sa santé	to look after one's health
entretenir sa forme } se maintenir en forme }	to maintain one's fitness
les effets (mpl) bénéfiques	beneficial effects
brûler des calories	to burn calories
réduire sa prise de calories	to reduce one's calorie intake
nuisible à la santé	bad for one's health
le risque pour la santé	health hazard
le manque d'exercice	lack of exercise
la vie sédentaire	sedentary lifestyle
mieux vaut prévenir que guérir	prevention is better than cure
sensibiliser le public aux questions de santé	to provide health education

6.4 Le régime sain   *Healthy eating*

avoir des kilos en trop	to be overweight
se mettre au régime	to go on a diet
maigrir / perdre du poids	to lose weight
le végétarien / la végétarienne	vegetarian
léger(-ère)	light

la diète } le régime alimentaire }	diet (what we eat)
les habitudes (f) alimentaires	eating habits
l'alimentation (f) quotidienne	daily intake of food
surveiller sa ligne	to watch the calories
le régime équilibré	balanced diet
varié	varied diet
sans sel	salt-free diet
à basses calories	low-calorie diet
amaigrissant	slimming diet
draconien	very strict diet

les aliments (m) diététiques	health food
les produits (m) biologiques	organic food
la cuisine minceur	food for slimmers
le produit allégé	reduced-fat product
à faible teneur en matières grasses	with a low fat content
sans matières grasses	fat-free
les céréales complètes	whole-grain cereal
le lait écrémé	skimmed milk
la boisson non alcoolisée	non-alcoholic drink

6.5 Le régime malsain — *Unhealthy eating*

la gourmandise	greed
le grignotage	snacking
la boisson sucrée	sugary drink
la teneur en sucre	sugar content
riche en graisses	fatty
la graisse saturée	saturated fat
se goinfrer de ...	to stuff oneself with ...
les farineux (m) } les féculents (m) }	starchy foods
la viande rouge	red meat
la charcuterie	pork products
la boisson alcoolisée	alcoholic drink
être néfaste pour l'organisme	to be harmful to the system
abaisser l'espérance de vie	to reduce life expectancy
provoquer la mort prématurée	to cause premature death

6.6 Les désordres alimentaires — *Eating disorders*

la maigreur	thinness
les problèmes d'alimentation	eating problems
de poids	weight problems
d'image physique	appearance problems
un manque de confiance	lack of confidence
une piètre estime de soi	**low self-esteem**
un sentiment d'impuissance	a feeling of being useless
de culpabilité	guilt
de honte	shame
ressentir un besoin de contrôle	to feel the need to be in control
une préoccupation excessive à l'égard de son poids	**an obsession with one's weight**
la peur intense de prendre du poids	**terror of putting on weight**

maîtriser son comportement alimentaire	to take control of one's eating habits
la quête de la minceur absolue	quest to be perfectly slim
l'anorexie (f)	anorexia
anorexique	anorexic
se priver de nourriture	to deprive oneself of food
s'affamer	to starve oneself
le jeûne auto-imposé	self-imposed fasting
la sous-alimentation l'insuffisance (f) alimentaire }	undernourishment
la carence en vitamines	lack of vitamins
la boulimie	bulimia
une orgie alimentaire	bout of excessive eating
se faire vomir	to make oneself sick
la gymnastique excessive	excessive exercise
le cycle destructeur	destructive cycle
être squelettique	to be skeletally thin

6.7 Le stress et la dépression *Stress and depression*

6.7.1 Les causes   *Causes*

la source d'inquiétude	source of anxiety
la surcharge de travail	work overload
être sous pression	to be under pressure
être soumis(e) à ...	to be subjected to ...
des exigences élevées	high demands
le manque d'autonomie de soutien	lack of independence support
avoir des responsabilités mal définies	to have ill-defined responsibilities
des délais difficiles à respecter	tough deadlines
un événement traumatisant	traumatic event
avoir mauvaise conscience	to be conscience-stricken
être en deuil	to be in mourning

6.7.2 Les effets   *Effects*

prendre des calmants	to take tranquillisers
perdre sa concentration son enthousiasme	to lose concentration enthusiasm
la sensation de fatigue	feeling of tiredness
l'incapacité (f) à se détendre	inability to relax
l'épuisement (m) physique nerveux professionnel	physical exhaustion nervous exhaustion burnout
le manque de résistance	lack of resilience

les relations tendues	tense relationships
l'abattement (*m*)	despondency
la tristesse	sadness
la sensation de mal-être	feeling of malaise
l'angoisse (*f*)	severe anxiety
des épisodes dépressifs	periods of depression
faire une dépression nerveuse	to have a breakdown
le sentiment d'insécurité	feeling of insecurity
la faible estime de soi	low self-esteem
l'isolement social	social isolation
les peurs irrationnelles	irrational fears
la réaction démesurée	over-reaction
la crise de panique	panic attack
la crise de larmes	fit of crying
nerfs	fit of hysterics
les troubles du sommeil	sleeping problems
de l'appétit	loss of appetite
de la digestion	digestive problems
du jugement	distorted judgement
une sensibilité accrue	increased sensitivity
une nervosité accrue	increased irritability
le repli sur soi	withdrawing into oneself
consulter un psychiatre	to consult a psychiatrist

6.8 La vie sexuelle

Sex life

le désir	desire
embrasser	to kiss
câliner	to cuddle
les relations sexuelles	sexual relations / intercourse
les rapports sexuels protégés	safe sex
prévenir	to prevent
le seul moyen de prévention efficace	only efficient means of prevention
la contraception	contraception
le préservatif	condom
la pilule	pill
la promiscuité	promiscuity
une aventure sans lendemain	one-night stand
baisser la garde	to lower one's guard
une baisse de vigilance	taking less care
tomber enceinte	to get pregnant
se faire avorter	to have an abortion
la maladie sexuellement transmissible	sexually-transmitted disease
le risque de contamination	risk of infection
le virus du SIDA	AIDS virus
être séropositif	to be HIV positive
être atteint du SIDA	to have AIDS

6.9 Le culte du soleil

Sun worshipping

l'exposition (f) solaire	exposure to the sun
bronzer	to get a tan
l'engouement (m) pour le bronzage	craze for tanning
le bronzage artificiel	artificial tanning
l'institut (m) de bronzage	tanning clinic
les rayons (m) UV	ultra-violet rays
la réduction de la couche d'ozone	reduction of the ozone layer
les méfaits des rayons	damaging effect of rays
néfaste pour la peau	damaging to the skin
déshydrater l'épiderme	to dry out the skin
le vieillissement précoce de la peau	premature ageing of the skin
la brûlure	burn
le pelage	peeling
le coup de soleil	sunburn
l'insolation (f)	sunstroke
le mélanome (malin)	(malignant) melanoma
le cancer de la peau } cutané	skin cancer
la protection solaire	protection against the sun
la crème solaire	sun cream
le chapeau à larges bords	wide-brimmed hat
s'exposer progressivement	to take the sun gradually

6.10 Le tabagisme

Tobacco addiction

se donner une contenance	to give oneself an air of assurance
le goût de la transgression	desire to break the rules
la pression du groupe	peer pressure
gagner un certain prestige	to win a kind of prestige
y prendre goût	to get a taste for it
la dépendance à la nicotine	nicotine dependency
la dépendance psychique	psychological dependency
comportementale	behavioural dependency
les produits chimiques	chemicals
le goudron	tar
les effets nocifs	harmful effects
avoir le souffle court	to be short of breath
toxique	poisonous
cancérigène	carcinogenic
les troubles respiratoires	breathing disorders
cardio-vasculaires	heart trouble
le cancer des poumons	lung cancer
les effets sur la grossesse	effects on pregnancy
l'apparition (f) de rides	appearance of wrinkles
l'haleine (f) désagréable	unpleasant breath

le jaunissement des dents	yellowing of teeth
le sevrage	breaking the habit
réduire les risques pour la santé	reduce the risks to one's health
améliorer son espérance de vie	improve one's life expectancy
le traitement de substitution à la nicotine	nicotine replacement treatment
les symptômes (m) de sevrage	withdrawal symptoms
le danger de rechute	danger of starting again

6.11 L'alcool   *Alcohol*

la boisson alcoolisée	alcoholic drink
le prémix	alcopop
la détente	relaxation
faire la fête	have a celebration
le rite initiatique	initiation rite
participer au monde adulte	to be a part of the adult world
avoir besoin de s'affirmer	to need to assert oneself
se masquer les réalités difficiles	to blot out tough realities (about oneself)
se voiler la face	to blot out tough realities (about others)
l'effet désinhibant	effect of dispelling inhibitions
la consommation régulière	regular consumption
l'abus (m) de l'alcool	alcohol abuse
la biture express	binge drinking
ivre } soûl(e) }	drunk
l'ivresse (f)	drunkenness
être en état d'ébriété	to be inebriated
modifier le tempérament de qqn	to change s.o.'s character
perdre sa lucidité	to lose the ability to think clearly
un poison mortel	life-threatening poison
le désordre hépatique	liver trouble
la cirrhose du foie	cirrhosis of the liver
l'abstinence (f)	not drinking

6.12 La drogue   *Drugs*

6.12.1 La toxicomanie   *Drug addiction*

le stupéfiant	drug
la drogue douce	soft drug
la drogue dure	hard drug
s'évader du quotidien	to escape from the everyday
la défonce aux amphétamines	taking speed
un moyen d'évasion rapide	a rapid means of escape
un environnement mal supporté	an environment you can't stand

calmer l'angoisse	to calm a feeling of anguish
se désinhiber	to rid oneself of inhibitions
planer	to feel high
entraîner une dépendance	to cause dependency
s'adonner à	to become addicted to
devenir toxicomane	to become a drug addict
héroïnomane	heroin addict
l'injection intravéneuse	intravenous injection
l'effet (*m*) à long terme	long-term effect
la pente peut devenir glissante	the slope can become slippery
l'escalade fatale	inevitable increase in dependency
redoutable sur le plan organique	extremely bad for the body
la surdose mortelle	fatal overdose
la dépénalisation	legalisation

6.12.2 Le sevrage — *Coming off drugs*

la désintoxication	getting over an addiction
avoir la volonté de décrocher	to have the will to kick the habit
s'abstenir	to abstain from
se priver / se passer de ...	to do without
sevrer qqn d'une drogue	to wean s.o. off a drug
mettre un terme à la dépendance physique	to bring an end to physical dependency
le sevrage psychologique	getting over psychological dependency
le syndrome de manque	withdrawal symptoms
des douleurs diffuses	pains all over
une insomnie tenace	incurable insomnia
une angoisse épouvantable	a terrible anxiety
le projet de réinsertion	rehabilitation programme

6.13 Le troisième âge — *Old age*

la longévité moyenne	average length of life
l'accroissement de la longévité	increase in length of life
l'allongement (*m*) de l'espérance de vie	increase in life expectancy
l'aide (*f*) à domicile	home help
la maison de retraite	old people's home
l'hospice (*m*) de vieillards	old people's hospital
le foyer-logement	sheltered housing
la perte d'autonomie	loss of independence
la rupture avec son cadre de vie	break with one's own surroundings
la vacuité de la vie	emptiness of life
la lutte contre la solitude	struggle against loneliness
exiger des soins constants	to require 24-hour care
la sénilité	senility
la démence sénile	senile dementia

7 Le sport professionnel

7.1 L'esprit olympique

The Olympic spirit

le sportif / la sportive de haut niveau	high-level sportsman / sportswoman
l'olympisme (*m*)	Olympic ideal
la charte olympique	Olympic Charter
la morale sportive	ethics of sport
respecter les valeurs olympiques	to respect the Olympic values
l'esprit (*m*) d'équipe	team spirit
d'amitié	spirit of friendship
la compréhension mutuelle	mutual understanding
le fair-play	fair play
améliorer les relations entre …	to improve relations between …
l'honneur de représenter son pays	the honour of representing one's country
fournir le meilleur de soi-même	to give of one's best
dépasser les autres	to outperform the others

7.2 Le dopage

Drug use

se donner tous les moyens pour gagner	to give oneself all possible means of winning
avoir recours à …	to resort to …
améliorer le rendement de l'organisme	to improve the body's efficiency
le culte de la performance	cult of performance
la course à la performance	race to improve performance
la pression des sponsors	pressure from the sponsors
l'exigence (*f*) de résultats	demand for results
des intérêts commerciaux colossaux	colossal commercial interests
la tentative de mieux faire	attempt to do better
la réussite à tout prix	success at all costs
le dépassement de soi	surpassing oneself
les pratiques médico-sportives	medical practices in sport
se doper	to take drugs
abuser des substances dopantes	to make excessive use of drugs
l'absorption de plus en plus massive de …	the ever-increasing consumption of …
les produits masquants	products which conceal drug use
indécelable	undetectable
mettre sa santé en péril	to endanger one's health

l'effet à court terme est illusoire	the short-term effect is deceptive
altérer sa santé	to damage one's health
détruire l'organisme	to destroy the body
la politique de contrôle	policy of testing for drugs
effectuer des contrôles obligatoires	to carry out compulsory tests
être pris(e) sur le fait	to be caught in the act
invalider une performance	to disqualify a performance
truquer	to rig, fix
tricher	to cheat
duper les spectateurs	to fool the spectators

7.3 Le sport et l'argent

Sport and money

l'événement médiatisé	broadcast event
les droits (*m*) de diffusion	broadcasting rights
la surmédiatisation	over-exposure in the media
la commercialisation	commercialisation
le parrainage (d'entreprise)	(corporate) sponsorship
la compagnie commanditaire	sponsoring company
l'athlète commandité	sponsored athlete
le placement de produits	product placement
retirer des avantages publicitaires	to benefit from advertising
l'avidité (*f*)	greed
être avide de …	to be greedy for …
des salaires (*m*) hors du commun	extraordinary salaries
l'indemnité (*f*) de transfert	transfer fee
des chiffres exorbitants	staggering figures
la surenchère	out-bidding
la marchandisation de qqn	turning s.o. into a product
porter préjudice à l'essence de l'esprit sportif	to undermine the essence of the sporting spirit

8

L'éducation

8.1 Les structures

Structures

la crèche	nursery / daycare centre
l'école maternelle	infant school
l'école primaire	primary school
aller au collège	to go to secondary school
le lycée	school for Years 11–13
la rentrée des classes	start of the school year
être scolarisé(e)	to attend school

la scolarité obligatoire	compulsory schooling
l'école laïque	non-denominational state school
être géré(e) par l'état	to be state-run
l'école confessionnelle privée	denominational school private school
le secteur privé	independent sector
l'internat (*m*)	boarding school
le lycée professionnel	vocational sixth-form college
l'académie (*f*)	area education authority
le rectorat	area education office
le recteur	Chief Education Officer
le proviseur	head / principal of a *lycée*
le directeur / la directrice le chef d'établissement }	head / principal
le proviseur adjoint	deputy head of a lycée
le CPE (Conseiller Principal d'Éducation)	teacher in charge of discipline
le / la surveillant(e)	supervisor (e.g. of study period, playground)
la mixité	co-education
la non-mixité	single-sex education
une classe surchargée	an overcrowded class
l'activité parascolaire	extra-curricular activity

8.2 Les objectifs

Aims

8.2.1 ... du gouvernement

... of government

fournir un matériel adéquat	to provide adequate resources
l'égalité (*f*) des chances	equality of opportunity
des établissements performants	high-performing schools
l'acquisition (*f*) du socle commun	acquisition of basic skills

le prolongement de la scolarité obligatoire	increasing the length of compulsory schooling
un taux de réussite de plus en plus élevé	an ever-increasing exam pass-rate
un taux d'échec en baisse	a failure rate coming down
réduire l'effectif des classes	to reduce class sizes
alléger les programmes	to lighten syllabuses
améliorer le taux d'encadrement en personnel enseignant	to improve the teacher–pupil ratio
éveiller les jeunes à la citoyenneté responsable	to kindle in the young responsible citizenship

8.2.2 ... des enseignants   *... of teachers*

enseigner	to teach
apprendre qqch. à qqn	to teach s.o. sthg

développer chez l'élève:	to develop in the pupil:
une soif pour l'apprentissage	a thirst for learning
une curiosité intellectuelle	intellectual curiosity
l'habileté à penser de façon critique	the ability to think critically
l'habileté à utiliser ses connaissances	the ability to use knowledge
inculquer des savoirs	to inculcate knowledge
des compétences	skills
apprendre à l'élève à:	to teach the pupil to:
exprimer des idées	express ideas
cultiver la créativité	cultivate creativity
comprendre le monde naturel	understand the natural world
apprécier son patrimoine	value his / her heritage
respecter la culture d'autrui	respect the culture of others
apprécier le mérite des individus	value the worth of individuals
respecter les valeurs communautaires	respect community values
maintenir une bonne santé	stay healthy
l'orientation *(f)* pédagogique	educational guidance
préparer l'intégration dans la société	to prepare for life beyond school

8.2.3 ... des étudiants   *... of students*

faire des progrès	to make progress
se tenir informé(e)	to keep oneself informed

tirer le meilleur de soi-même	to get the best out of oneself
acquérir les connaissances de base	to acquire basic knowledge
les compétences de base	basic skills
élargir ses connaissances	to broaden one's knowledge

s'astreindre à un travail régulier	to get down to a steady rhythm of work
acquérir une connaissance approfondie	to acquire thorough knowledge
atteindre le niveau de qualification nécessaire	to reach the required standard
devenir apte à poursuivre des études plus poussées	to acquire the ability to take on more advanced work

8.3 L'enseignement / *Teaching*

le corps enseignant	teaching profession
le personnel enseignant	teaching staff
le / la professeur des écoles	primary school teacher
la correction des copies	marking
éclaircir	to explain, clarify
l'éclaircissement (m)	explanation
un professeur se fait chahuter	a teacher gets played up
respecter	earns respect
il / elle:	he / she:
fait aimer sa matière	gets people to enjoy the subject
fait détester sa matière	makes people hate the subject
encourage le dialogue	encourages discussion
est sympathique	is likeable
est antipathique	is not likeable
est ouvert(e)	is approachable
connaît sa discipline	knows his / her subject
transmet clairement ses connaissances	gets his / her knowledge across
une ambiance (peu) disciplinée	a / an (un)disciplined atmosphere
décontractée	a relaxed atmosphere

8.4 L'apprentissage (m) / *The learning process*

8.4.1 Les cours et les devoirs / *Lessons and homework*

la matière	subject
le manuel	text book
être fort(e) en / doué(e) pour	to be good at
faible en	to be weak at

au programme	on the syllabus
le contenu du programme	syllabus content
une matière (in)abordable	a / an (un)manageable subject
ce qui m'accroche	what engages my interest
saisir l'idée	to grasp the idea

retenir	to memorise
se consacrer à son travail	to commit oneself to work
appliqué(e) / travailleur(-euse)	hard-working
consciencieux(-ieuse)	conscientious
l'assiduité (f)	consistency of effort
la prise de notes efficace	efficient note-taking
intervenir en classe	to participate in class
la rédaction	essay
rédiger une dissertation	to write up a long essay
combler des lacunes	to fill gaps

8.4.2 Le lycée

Years 11–13

passer en seconde	to go up into Year 11
choisir une option } section } filière	to choose a group of subjects
émettre des vœux d'orientation	to express a preference for certain subjects
arrêter une décision d'orientation	to reach a decision about which subjects to study
éviter les filières poubelle	to avoid combinations of subjects regarded as a dead-end
un travail (plus) exigeant	(more) demanding work
un climat de compétition	a competitive atmosphere
le bourrage de crâne	cramming
être surchargé(e) / débordé(e) de travail	to be overworked
un programme surchargé	an overloaded syllabus
travailler avec acharnement } d'arrache-pied }	to work furiously hard
un travail de longue haleine	work requiring a long-term effort
mettre les bouchées doubles	to redouble one's efforts
rester en tête du peloton	to stay in the lead
se distinguer de la masse	to be head and shoulders above the others
être à la hauteur des attentes parentales	to live up to parental expectations

8.4.3 Les pièges

Pitfalls

être fainéant(e)	to be idle / lazy
bâcler / saboter son travail	to dash off one's work
un travail insuffisant	inadequate work
prendre du retard	to fall behind
se décourager	to get depressed
le cours de rattrapage	remedial lesson
les cours particuliers	private tuition

8.5 Les contrôles — *Assessments*

l'examen (*m*)	examination
l'épreuve écrite	written test
orale	oral test
passer le brevet (BEPC)	to take GCSEs
passer le bac	to take A Levels
évaluer	to assess
le résultat	result
la réussite	success
l'échec (*m*)	failure
le bulletin trimestriel	termly report

le contrôle continu	continuous assessment
l'examen blanc	mock exam
avoir un trou de mémoire	to have a lapse of memory
le jury	team of examiners
le relevé des notes	statement of marks
être recalé(e) à l'oral	to fail the oral
être reçu(e)	to pass
une mention bien	a good grade
une mention passable	a pass grade
réussir au baccalauréat	to pass one's A Levels
échouer au baccalauréat	to fail one's A Levels
le dossier scolaire	school record
être au palmarès	to be among the prizewinners

8.6 L'après-bac — *After A Levels*

l'allongement (*m*) de la scolarité	increase in length of time spent in full-time education
le / la bachelier(-ière)	s.o. who has passed A Level
le nivellement par le bas	levelling down of standards
le problème d'inscription en faculté	difficulty of getting into university
une année sabbatique	a gap year
poursuivre ses études	to continue one's studies
s'inscrire à la faculté	to sign on for a university course
faire des études plus poussées	to do more advanced work
la course effrénée aux diplômes	frantic race for qualifications
les classes préparatoires	classes for those applying to a *grande école*
l'école normale	specialised training college
la grande école	selective and specialised university
passer un concours	to take a competitive exam
avoir le niveau intellectuel requis	to be of the required academic standard

le cours magistral } la conférence }	lecture
les travaux dirigés	seminar / tutorial
la licence	Bachelor's degree
se prémunir d'un diplôme monnayable	to equip oneself with a marketable qualification
le sésame de l'insertion professionnelle	the key to success in the job market
être en troisième cycle	to be on a postgraduate course
le mastère (spécialisé)	Master's degree
le CAPES (Certificat d'Aptitude Pour Enseignement Secondaire)	teaching diploma
l'agrégation (f)	postgraduate competitive examination
faire de la recherche	to do research
la thèse de doctorat	doctoral thesis

8.7 Préoccupations des étudiants

Student issues

la démocratisation de l'enseignement supérieur	making higher education accessible to people from all backgrounds
le coût des études supérieures	cost of higher education
les frais (m) d'entretien	maintenance costs
le prêt bancaire pour étudiants	student loan
la bourse d'études	grant
amasser des dettes	to accumulate debts
les conditions d'étude	conditions in which people study
la pénurie de logements universitaires	shortage of student accommodation
un programme peu adapté aux besoins actuels	a syllabus out of tune with current needs
répondre aux besoins des entreprises	to respond to the needs of business
le décalage entre théorie et pratique	gap between theory and practice
un encadrement insuffisant	inadequate supervision
le taux d'encadrement en personnel enseignant	teacher–pupil ratio
la suppression de postes	reduction in staff numbers
l'orientation et l'insertion	career guidance and placement
le taux de chômage à la sortie	level of graduate unemployment
l'ampleur (f) du chômage des jeunes	extent of unemployment among the young
engendrer des chômeurs diplômés	to create unemployed graduates

Le travail

Les projets d'avenir   *Plans for the future*

choisir un métier	to choose an occupation
gagner sa vie	to earn a living
faire des projets d'avenir	to make plans for the future
être motivé(e)	to be motivated
diplômé(e)	qualified
l'ambition (f)	ambition
ambitieux(-ieuse)	ambitious

l'orientation professionnelle	career guidance
se destiner à une carrière dans ...	to be aiming for a career in ...
se fixer un objectif	to set oneself a goal
voler de ses propres ailes	to stand on one's own two feet
les perspectives (f) de carrière	career prospects
faire carrière	to make a career
un emploi stable	a secure job
la sécurité de l'emploi	job security
être peu diplômé(e)	to have few qualifications
non diplômé(e)	no qualifications
plus on est diplômé, moins on risque d'être au chômage	the better qualified you are, the less likely you are to be out of work
avoir un esprit de compétition	to be the competitive type

9.2 La formation professionnelle   *Vocational training*

le / la débutant(e)	beginner
manquer d'expérience	to lack experience
l'apprentissage (m)	apprenticeship, learning process
effectuer / suivre un stage	to do a course
le stage en entreprise	work experience
le / la stagiaire	course participant
le niveau de formation	level of training
la spécialité de formation	particular area of training
les compétences (f)	skills
la formation continue	**on-going training**
la formation en alternance	**job training alternating with education**
l'apprentissage (m) sur le terrain	apprenticeship in the workplace
être formé(e) sur le tas	to learn the job while doing it

s'initier aux pratiques du métier	to get basic experience of a job
acquérir une compétence	to acquire competence
se spécialiser en ...	to specialise in ...
affronter les mutations *(f)* technologiques	to cope with technological changes
connaître les ficelles *(f)* du métier	to know the ins and outs of the job

9.3 Le marché du travail · *The job market*

l'intérimaire	temporary replacement
le travail saisonnier	seasonal work
intérimaire	temporary work, 'filling in' for s.o.
l'insertion professionnelle	getting into the job market
concurrentiel(le)	competitive
offrir d'intéressants débouchés	to offer interesting job prospects
travailler à son compte	to work for oneself
un domaine d'activité	job sector
un secteur porteur d'avenir	an area with good prospects
les professions libérales	professions
la fonction publique	civil service
le / la fonctionnaire	civil servant
le secteur tertiaire	service industries
éviter les secteurs en déclin	to avoid areas with poor prospects
un emploi précaire	an insecure job
une pénurie de main d'œuvre personnel qualifié	a shortage of labour qualified staff
un manque aigu d'hommes de terrain	an acute shortage of experienced people
la surqualification par rapport aux métiers réellement exercés	over-qualification in relation to the work actually done
un excédent	a surplus
la raréfaction de l'emploi	scarcity of jobs

9.4 Poser sa candidature · *Making an application*

chercher un emploi	to look for a job
le demandeur d'emploi	job seeker
les offres *(f)* d'emploi	advertisements for jobs
le poste vacant	vacancy
le recrutement	recruitment
trouver une situation	to find a job

l'ANPE (l'Agence nationale pour l'emploi)	National Employment Agency
s'inscrire comme demandeur d'emploi	to sign on as unemployed and looking for work

une agence de placement	an employment agency
le chasseur de têtes	head hunter
la description de poste	job description
faire une demande d'emploi	
solliciter / postuler à un emploi	to apply for a job
le postulant	
le candidat	applicant
faire des démarches auprès de ...	to make approaches to ...
le CV (*curriculum vitæ*)	CV
l'entretien (*m*) d'embauche	job interview
posséder les qualifications requises	to possess the required qualifications
avoir un niveau de formation (in)suffisant	to have an (in)adequate level of training
fournir des références	to provide references
être expérimenté(e)	to be experienced
être à la hauteur	to be equal to the task
une offre séduisante	an irresistible offer
être nommé(e)	to be appointed
se faire embaucher	to be taken on
signer un contrat	to sign a contract
toucher un salaire	to earn a salary
s'insérer sur un créneau dégagé	to find and fill a gap in the job market
un contrat à durée déterminée	a temporary contract
indéterminée	a permanent contract
une embauche définitive	a permanent job

9.5 La foire d'empoigne — *The rat race*

l'entrée (*f*) en activité	starting one's first job
une période d'essai	probationary period
avoir le pied à l'étrier	to be on the way up
miser sur ses atouts	to play on one's good points
se faire pistonner	to get s.o. to pull strings for you
réussir par ses propres moyens	to succeed by one's own efforts
trouver un emploi par relations	to get a job through contacts
gravir les échelons	
monter dans la hiérarchie	to climb the ladder
sauter sur l'occasion qui se présente	to leap at the opportunity
tirer son épingle du jeu	to do well for oneself
le salaire au mérite	performance-related pay
être promu(e)	to be promoted
accéder au statut de ...	to reach the position of ...
le cadre moyen	middle manager
le cadre supérieur	top manager
la gestion	management (abstract)
la direction	management (people)
le président-directeur général / PDG	managing director

l'ancienneté (f)   seniority (in years)
délocaliser   to relocate
demander une mutation   to request a transfer

9.6 Les horaires — *Working hours*

le jour ouvrable	working day
férié	public holiday
de congé	day off
le congé payé	paid holiday
la pause-déjeuner	lunch break

travailler à temps plein   to work full-time
         à temps partiel   part-time
         à mi-temps   half-time
le vacataire   temporary employee
le partage du travail   work sharing
les horaires flexibles   flexi-time
les heures supplémentaires   overtime
le travail par roulement   shift work
faire les trois-huit   to do shift work
prendre la relève   to take over (a shift) from someone
assurer la permanence   to be on duty / call
travailler en dehors des heures   to work unsocial hours
    normales

le poste de nuit   night shift
un horaire chargé   a hectic schedule
la réduction de la durée du travail   shortening of the working week
l'aménagement (m) des horaires   introduction of flexible hours
le taux d'absentéisme (m)   rate of absenteeism
l'assiduité (f)   regular attendance
faire le pont   to take an extra day off between a
                       public holiday and a weekend

le congé formation   time off for training
partir en congé de maternité   to go on maternity leave
             paternité   paternity leave
             maladie   sick leave

9.7 Les grèves (f) — Strikes

la contestation   protest
la revendication   demand, complaint
la revendication salariale   pay claim
(peu) légitime   (not) legitimate
une diminution du temps de travail   a reduction in working hours
déclencher   to set in motion
le mouvement social   industrial action

l'arrêt (*m*) de travail	walk-out
lancer un appel de grève	to call a strike
déposer un préavis de grève	to give notice of strike action
le / la gréviste	striker
se porter gréviste	to join a strike
le piquet de grève	picket
la ligne de piquetage	picket line
étendre le mouvement à d'autres secteurs	to spread the movement to other areas of industry
mener un conflit au coude à coude	to stand shoulder to shoulder in a dispute
le partage des gains de productivité	sharing benefits of increased productivity
le syndicat	union
adhérer à	to join
la cotisation syndicale	union dues, subscription
le / la syndicaliste	union member
le / la responsable syndical(e)	union official
le / la délégué(e) syndical(e)	union representative
la puissance revendicative des syndicats	bargaining power of the unions
l'affaiblissement (*m*) de l'esprit syndicaliste	decline in union support
le poids syndical s'est allégé	union influence has decreased

9.8 Le chômage — *Unemployment*

9.8.1 Le chômage en hausse — *Rising unemployment*

une période peu propice à l'emploi	an unfavourable period for employment
les circonstances tendent à dissuader l'embauche	the circumstances put people off recruiting staff
les circonstances poussent à des licenciements	the circumstances are forcing redundancies
la robotisation (*f*)	replacement of workers by robots
les mutations industrielles	industrial change
un personnel (non) préparé aux mutations technologiques	a staff (un)prepared for technological change
être en mal d'adaptation	to have problems with adapting
les sureffectifs (*m*)	unnecessary staff
le préavis de licenciement	redundancy notice
mettre en chômage technique	to lay off
l'allègement (*m*) des effectifs	reduction in staff
supprimer des emplois	to get rid of jobs
le limogeage	dismissal

licencier
renvoyer } to sack
congédier

mettre qqn en préretraite — to force s.o. into early retirement
le chômage a franchi le cap de ... — unemployment has passed the ... mark

le chômage de masse — mass unemployment
un pays embourbé dans le chômage — country bogged down in unemployment

9.8.2 Au chômage

Out of work

le / la chômeur(-euse) — unemployed person
le désœuvrement — having nothing to do
l'allocation (*f*) de chômage — unemployment benefit
toucher l'aide publique — to be on social security
les inactifs allocataires — non-working population drawing benefit

le chômage de longue durée — long-term unemployment
être en situation d'exclusion durable — to be long-term unemployed

le coût humain — the cost in human terms
avoir l'impression d'être mis(e) au rebut — to feel rejected

les laissés-pour-compte — society's rejects

9.8.3 Le chômage en baisse

Unemployment going down

prendre des mesures pour favoriser l'emploi — to take measures to help increase employment
des mesures (*f*) ciblant les jeunes — measures targeting young people
endiguer le chômage — to halt the increase in unemployment
le taux de chômage a marqué un palier — the unemployment figures have reached a plateau
le chômage régresse — unemployment is falling
on a constaté une diminution }
              un repli — a decrease has been registered

la baisse est faible — the decrease is slight
          sensible — significant
l'embauche (*f*) repart — people are taking on staff again
la courbe de l'emploi se remet à grimper — the employment curve is starting to rise again
les offres d'emploi poursuivent leur remontée — the increase in the number of vacancies is continuing
un taux de chômage ramené à 5% de la population active — an unemployment rate brought down to 5% of the workforce
le plein emploi — full employment

9.9 La discrimination sexiste *Sex discrimination*

le congé maternité	maternity leave
l'impact négatif sur le parcours professionnel	negative impact on career
être victime de discrimination	to be discriminated against
le préjugé sexiste	sexist prejudice
le déroulement de carrière	career path
la précarité	insecurity
une inégalité persistante	an abiding inequality
la disparité salariale	difference between salary levels
à poste identique ⎫ à emploi équivalent ⎭	for the same job
les femmes sont gravement sous-représentées	women are seriously under-represented
la partition sexuelle de l'emploi	jobs shared out according to gender
une filière monopolisée par les hommes	area monopolised by men
faire avancer la cause des femmes	to advance the cause of women
la non-discrimination	equality of opportunity
l'égalité (*f*) salariale	equality of earnings
accomplir une percée	to make a breakthrough
investir les citadelles masculines	to invade male bastions
la lenteur de l'évolution des mentalités	slow pace of change in attitudes

9.10 Famille et carrière *Family and career*

9.10.1 Généralités *Generalities*

être carriériste	to be career-minded
un couple biactif	both partners working
les salariés parents	working parents
conserver deux salaires	to keep getting two salaries
le temps consacré à ...	the time devoted to ...
une carrière valorisante	rewarding career
l'épanouissement professionnel	fulfilment through one's career
l'engagement professionnel	commitment to the job
s'investir pleinement dans ...	to throw oneself into ...
un travail trop prenant	a job which takes up too much time
une mise en balance des priorités	weighing up the priorities
être disponible	to be available
concilier vie de famille et vie professionnelle	to reconcile family life and professional life
la gestion du temps	time management
trouver un équilibre entre ...	to find a balance between ...
l'égalité des rôles parentaux	fair sharing of parental roles

le partage équitable des responsabilités familiales	equitable sharing of family responsibilities

9.10.2 Les mères de famille

Mothers

être confrontée à un dilemme	to face a difficult choice
abandonner sa carrière	to abandon one's career
rester femme au foyer	to stay at home and look after the family
considérer la famille comme un frein à sa carrière	to regard the family as a brake on one's career
éprouver un besoin de s'épanouir	to feel a need to fulfil oneself
conjuguer carrière et famille	to combine a career with family life
un défi de taille	**substantial challenge**
jongler avec des impératifs contradictoires	**to juggle with conflicting demands**
rejaillir sur la vie de famille	**to have repercussions on family life**
les exigences familiales	the demands of the family
la course contre la montre	race against the clock
culpabiliser	to feel guilty
faire garder son enfant	to employ a child-minder
la prise en charge des enfants ⎫ l'encadrement (*m*) des enfants ⎭	arrangements for looking after the children
les frais de garde	costs of child-minding
mal vivre la séparation avec son enfant	to find it hard to be separated from one's child
la crèche d'entreprise	nursery provided by an employer
l'aménagement des heures de bureau	adaptation of working hours
la souplesse des horaires	flexibility of working hours
travailler à domicile	to work at home
le télétravail	working over the phone
travailler à temps partiel	to work part-time

La criminalité

10.1 Les causes

Causes

le mobile	motive
la consommation d'alcool	alcohol consumption
de drogues	drug use
l'éclatement de la famille	family break-up
l'isolement social	social isolation
les inégalités sociales	social inequalities
le taux de chômage	level of unemployment
la misère	poverty
l'impact des médias	impact of the media
l'absence d'équipements collectifs	lack of communal facilities
une société sans repères	a society with no guidelines
le déclin des règles morales	decline of moral standards
la perte de l'esprit communautaire	loss of sense of community
la détérioration du tissu social	deterioration of the social fabric
la passivité des témoins oculaires	eye-witnesses taking no action

10.2 Les tendances

Trends

le taux de criminalité	crime rate
la recrudescence de la criminalité	increase in crime rate
le recul ...	reduction ...
la cybercriminalité	internet crime
le piratage informatique	hacking
le cyberpirate	hacker
l'escroquerie (f) à la carte bancaire	bank card fraud
l'usage frauduleux de cartes de crédit	fraudulent use of credit cards
l'agression sexuelle	sex attack
le crime de violence	violent crime
les voies (f) de fait	assault
le vol qualifié	aggravated theft
l'escalade (f) de la violence	increase in violence
l'étalement (m) de la violence	spread of violence
la violence à l'école	violence in schools
la violence conjugale	domestic violence
les dommages corporels	bodily harm
la tentative de viol	attempted rape
l'attentat (m) à la pudeur	indecent assault
l'utilisation (f) d'une arme à feu	use of a firearm

10.3 La délinquance

Delinquency

10.3.1 Les causes

Causes

les facteurs familiaux	issues within the family
la négligence parentale	parental neglect
les conflits conjugaux	marital conflict
la discipline incohérente	inconsistent discipline
la perte de l'autorité parentale	loss of parental authority
la faiblesse des relations affectives	weakness of emotional ties
l'influence (*f*) des pairs	influence of peer-group
le sentiment de frustration	feeling of frustration
le désœuvrement	having nothing to do
le goût du risque	taste for risk
de l'agressivité	aggressive behaviour
l'esprit de liberté	spirit of freedom
l'aversion (*f*) pour la discipline	strong dislike for discipline
définir ses propres règles	to write one's own rules
éprouver un sentiment d'impunité	to feel that you can get away with it
éprouver de la jouissance à (+ *infin*)	to get a thrill out of (doing)

10.3.2 Les effets

Effects

l'incivilité (*f*)	anti-social behaviour
les injures (*f*)	verbal abuse
la dégradation de biens	damage to property
endommager	to damage
un acte gratuit de vandalisme	pointless act of vandalism
de dégradation	action which causes damage
le groupe de perturbateurs	group of trouble-makers
rôder dans un secteur	to prowl around a district
la bagarre	fight
se déployer dans l'espace collectif	to spread into public areas
porter atteinte à l'ordre public	to cause a breach of the peace
perturber la vie collective	to disrupt communal life
le tapage nocturne	causing noise at night
les tags	tags (graffiti)
la délinquance de voie publique	youth street crime
l'agression (*f*)	mugging
le larcin	petty theft
le vol à la tire	pick-pocketing
à la roulotte	theft from parked vehicles
la cible accessible	accessible target
vulnérable	vulnerable target
agresser un passant	to attack a passer-by
le sentiment d'insécurité	feeling of insecurity
semer la terreur	to spread terror

10.4 Les malfaiteurs

Criminals

le voleur	thief
le cambrioleur	house-breaker
le cambrioleur de banque	bank robber
le complice	accomplice
le meurtrier	murderer
le narcotrafiquant	drug trafficker
le / la pédophile	paedophile
le ravisseur	kidnapper
le violeur	rapist
le récidiviste	second-time / habitual offender

10.5 Les crimes *(m)*

Crimes

commettre un délit / une infraction	to commit an offence
enfreindre une loi	to break a law
une infraction à la loi	law-breaking
le vol à l'étalage	shoplifting
par effraction	breaking-in and burglary
aggravé	robbery with violence
à main armée	armed robbery
le cambriolage	burglary
le meurtre	murder
la tentative de meurtre	attempted murder
les coups et blessures volontaires	grievous bodily harm
l'homicide *(m)* **involontaire**	manslaughter
le crime passionnel	crime of passion
agir sous l'emprise de l'alcool	to act under the influence of alcohol
en légitime défense	in self-defence
le rapt / l'enlèvement *(m)*	abduction, kidnapping
exiger une rançon	to demand a ransom
l'incendie *(m)* **volontaire**	arson
le chantage	blackmail
faire chanter	to blackmail
passer en fraude	to smuggle
escroquer	to swindle
détourner des fonds	to embezzle funds
le blanchiment d'argent	money laundering

10.6 La police

The police

les forces *(f)* de l'ordre	forces of law and order
faire respecter la loi	to enforce the law
la police de proximité	community police
la police municipale	urban police force

la gendarmerie nationale	paramilitary police
les CRS (compagnies républicaines de sécurité)	riot police
la police de l'air et des frontières	frontier police
la police judiciaire	detective force
le gardien de la paix	(ordinary) policeman
le détective en civil	plain clothes detective
l'indicateur	informer
la voiture de police banalisée	unmarked police car
le contrôle de routine	routine check
la vidéosurveillance	use of video cameras
dépister les coupables	to track down those responsible
l'ADN (m)	DNA
l'analyse (f) de l'empreinte génétique	DNA fingerprinting
le séquençage de l'ADN	DNA profiling
prélever un échantillon	to take a sample
retrouver le code génétique de qqn	to find s.o.'s genetic code
le maintien de l'ordre public	maintenance of law and order
sécuriser les lieux publics	to make public areas safe
élucider une affaire	to solve a case
restaurer la confiance	to restore confidence
sévir dans le domaine de …	to crack down on …
les brutalités (fpl) policières	acts of police brutality
le taux de non-élucidation des crimes	level of unsolved crime
la bavure policière	police blunder

10.7 Les sanctions

Sanctions

les lois (f) en vigueur	existing laws
l'arrêté municipal	bye-law
être poursuivi(e)	to be taken to court
passer devant les assises }	to appear in court
comparaître devant le tribunal	
être inculpé(e) de …	to be charged with …
l'inculpation (f)	charge
infliger une peine	to sentence
être passible de …	to be liable to …
être condamné(e) à …	to be sentenced to …
une amende	a fine
le travail d'intérêt général	community service
l'incarcération (f)	imprisonment
purger une peine de prison (f) (à vie)	to serve a (life) sentence
la réclusion perpétuelle	life imprisonment
six mois de prison avec sursis	six months' suspended sentence
le sursis et mise à l'épreuve	release on bail with conditions
la mise en liberté provisoire sous caution	release on bail

la surveillance électronique	electronic tagging
le bracelet électronique	electronic tag
la rigueur	severity
l'indulgence (*f*)	leniency
le durcissement des peines	making sentences harsher

11

L'immigration et le racisme

11.1 La migration

Migration

le / la ressortissant(e)	expatriate
le pays d'origine	country of origin
d'adoption	adoption
les pays tiers	third-world countries
la terre d'accueil	host country
chercher une vie meilleure	to seek a better life
donner une perspective à sa vie	to give oneself a chance in life
la terre promise	the promised land
fuir la misère	to flee poverty
le chômage	unemployment
la tyrannie	tyranny
le statut de réfugié	refugee status
le droit d'asile	right of asylum
des attaches familiales	family ties
le regroupement familial	family being reunited
suivre des canaux d'admission réguliers	to go through legal entry channels
régulariser sa situation	to legalise one's position

11.2 La migration illégale

Illegal migration

courir des risques	to run risks
le trafiquant	trafficker
l'immigration clandestine	illegal immigration
emprunter des filières clandestines	to use an illegal network
le réseau de passeurs	network of smugglers
payer un prix exorbitant	to pay an extortionate price
passer la frontière	to get across the border
être démuni(e) d'une carte de travail	to have no work permit
de faux demandeurs d'asile	bogus asylum seekers
un conjoint de complaisance	a bogus spouse
le mariage blanc	paper marriage (in name only)
le sans-papier	illegal immigrant
être en situation irrégulière	to be without the right documents
travailler au noir	to work illegally
l'échec des politiques de fermeture	failure of closed border policies

11.3 Contrôler le flux migratoire

Containing the flood of migrants

un engorgement de la demande	a glut of those seeking entry
limiter l'accès au territoire	to impose immigration controls
maîtriser les flux d'entrée	to control the flow of immigrants
calculer des quotas	to set numerical limits
le filtrage rigoureux	strict controls on entry
endiguer le flot	to stem the flood
colmater toutes les brèches	to close all the loopholes
un examen au cas pour cas	examining each case on its merits
le centre d'accueil de demandeurs d'asile	reception centre for asylum seekers
être en attente de régularisation	to be waiting for permits
être muni(e) d'un titre de séjour	to have a residence permit
d'un visa de tourisme	a tourist visa
être admis(e) à titre de ...	to be admitted as ...
... travailleur(-euse) immigré(e)	... an immigrant worker
... réfugié(e) politique	... a political refugee
pourchasser les clandestins	to oust illegal immigrants
la reconduite à la frontière	expulsion
le rapatriement	repatriation

11.4 L'Union européenne

The European Union

l'élargissement (*m*) de l'Union européenne	expansion of the E.U.
la liberté de circuler dans l'espace européen	the freedom to move around Europe
la liberté de travail	freedom to work
d'installation	settle
la migration de travail	work-related migration
des salaires attractifs	attractive salaries
les mouvements migratoires	shifts of population
répondre aux pénuries de main d'œuvre	to deal with the shortage of labour
contribuer au marché du travail	to contribute to the labour market
recruter des spécialistes	to recruit specialists
un personnel hautement qualifié	highly qualified staff
l'esclavage (*m*) moderne	modern slavery
se faire exploiter	to let oneself be exploited
un bassin de recrutement de la prostitution	recruiting ground for prostitution
le proxénétisme	procuring (prostitutes for clients)
les services aux particuliers	services to private individuals
le travail saisonnier	seasonal work

la migration temporaire — temporary migration
l'installation (f) durable — settling for the longer term

11.5 Des modes de vie différents

Different ways of life

être originaire de ... — to come from ...
la spécifité culturelle — cultural distinctiveness
le / la Maghrébin(e) — North African
les groupes ethniques minoritaires — ethnic minorities
vouloir conserver son identité culturelle — to want to maintain one's cultural identity
être (trop) attaché à sa culture d'origine — to be (too) attached to the culture of one's homeland
l'importance de la langue maternelle des rapports sociaux — importance of the mother tongue social relationships
la liberté de pratiquer sa propre religion — freedom to practise one's own religion
les règles alimentaires du Coran — Muslim dietary laws
les règles vestimentaires — laws governing clothing
la religion islamique — Islam
l'imam — imam, Muslim priest
la mosquée — mosque
la répartition inégale des immigrés sur le territoire — unequal distribution of immigrants within the country
une zone à forte densité immigrée — area with a high immigrant population
dépasser le seuil d'intolérance — to go beyond acceptable limits
atteindre des proportions critiques — to reach crisis proportions

11.6 Les conditions de vie et de travail

Living and working conditions

se sentir perdu(e) — to feel lost
avoir des problèmes de communication — to have problems communicating
le sentiment d'exclusion — sense of alienation
être déraciné(e) — to be rootless
inadapté(e) — ill-adapted
marginalisé(e) — excluded, rejected
être en rupture sociale — to be at odds with society
préférer se regrouper — to prefer to stick together
le repli identitaire — retreat into one's own community
être entassés dans des foyers — to be crammed into hostels
le centre provisoire d'hébergement — temporary hostel
attribuer les logements sociaux — to allocate council flats
le ghetto — ghetto
le logement insalubre — squalid accommodation
des cités mal pensées — ill-conceived housing estates

le travail au noir	illegal employment
être dépendant des subsides publics	to be dependent on state subsidies
les trafics de main d'œuvre	black market in labour
une main-d'œuvre:	workforce which is:
à bas salaire	poorly paid
à bon marché	cheap
peu exigeante	undemanding
accepter sans rechigner	to accept without protest

11.7 Le racisme · *Racism*

les Français de souche	French people of French origin
le comportement raciste	racist behaviour
l'intolérance (*f*)	intolerance
le préjugé	prejudice
la discrimination raciale	racial discrimination
l'inégalité (*f*)	inequality
persécuter	to victimise
le harcèlement policier	police harassment
stigmatiser	to stigmatise
les cultures s'entrechoquent	there is a clash of cultures
un fossé se forme	a gap develops
le bouc émissaire de tous les maux	scapegoat for everything that is wrong with society
des indésirables	'undesirables'
des fainéants	layabouts
traîner dans les rues	to hang around in the streets
la méfiance	mistrust
la xénophobie	hatred of foreigners, xenophobia
l'antisémitisme (*m*)	antisemitism
entretenir des sentiments racistes	to harbour racist feelings
tenir des propos racistes	to make racist remarks
l'agression verbale	verbal abuse
élargir la fracture communautaire	to widen the rift between ethnic groups
la montée de l'extrême droite	the rise of the extreme right wing
le discours alarmiste	alarmist talk
un climat de peur	a climate of fear
jouer des peurs	to play on fears
préjugés	prejudices
rancœurs	resentment
la crainte du terrorisme	fear of terrorism
attiser les passions	to fuel strong feelings
les tensions	tensions
une attaque de caractère raciste	a racist attack
une intensification de la violence raciste	an escalation of racist violence
une émeute raciale	a race riot

11.8 L'intégration

Integration

dénoncer la discrimination	to denounce discrimination
une politique de gestion communautaire	a policy of community management
l'égalité (*f*) des chances	equality of opportunity
la diversité culturelle	cultural diversity
la représentation des minorités ethniques dans ...	presence of ethnic minorities in ...
créer des liens sociaux	to create social links
générer un pont entre ...	to build a bridge between ...
la volonté de s'intégrer	the desire to become integrated
le brassage des cultures	mixing of cultures
l'appartenance (*f*) à deux cultures	belonging to two cultures
la clef de l'insertion sociale	key to social integration
l'engagement social	involvement in society
maîtriser la langue	to master the language
établir des relations	to forge relationships
s'identifier aux valeurs françaises	to identify with French values
faire preuve d'une certaine conformité culturelle	to demonstrate a measure of cultural conformity
respecter les lois	to obey the laws
respecter les mœurs locales	to respect local customs
s'insérer dans le monde du travail	to get into work
le mariage mixte	mixed marriage
l'union interraciale	racial intermarriage
le métissage	cross-breeding
l'intégration des divers groupes ethniques du pays	integration of a country's ethnic groups
absorber sans dommage	to absorb without trouble

L'argent

12.1 Les affaires en crise

Business in crisis

une entreprise	a company
la consommation des ménages	consumer spending
les acteurs du marché	those involved in the market
les petites et moyennes entreprises (PME)	small and medium-sized businesses
le banquier	banker
la crise bancaire	banking crisis
la perte de confiance	loss of confidence
les restrictions (f) de crédits	credit crunch
des coûts salariaux trop lourds	excessive wage costs
la hausse des coûts	increase in costs
l'offre (f) dépasse largement la demande	supply considerably exceeds demand
le recul de la demande	fall in demand
le ralentissement (généralisé)	(overall) slowing down
la période de récession	period of recession
une période de creux	period when business is slack
l'atmosphère (f) est au resserrement	the mood favours restraint
les affaires (f) sont en plein marasme	business is stagnant
la croissance se traîne	growth is slowing down
une conjoncture peu dynamique	sluggish economic situation
le repli de l'investissement	fall in investment
un marché en berne	flagging market
une phase dépressionnaire s'engage	a slump begins

12.2 Les conséquences

The consequences

être touché(e) par la crise	to be affected by the crisis
avoir des embarras financiers	to be in financial difficulties
prendre de plein fouet la crise	to suffer the full effects of the crisis
la rentabilité	profitability, viability
la marge bénéficiaire	profit margin
faire une remise des prix	to lower prices
l'effondrement (m) des prix	collapse of prices
une érosion des profits	a cut-back in profits
un bénéfice faible en proportion de la dépense	a small profit in relation to outlay
dégraisser	to slim down
contracter des emprunts	to take out loans
une entreprise fortement endettée	a business heavily in debt

la carence	insolvency
faire faillite	to go bankrupt

12.3 Le redressement économique

Economic recovery

un plan de redressement	a recovery plan
relancer l'économie	to get the economy going again
une injection de fonds	an injection of capital
un afflux de capitaux	an in-flow of capital
assainir la situation financière	to create a more healthy economic situation
redynamiser la croissance	to revitalise growth
un assainissement durable	a lasting stabilisation
le regain d'activité ⎫ la reprise des affaires ⎭	recovery in trading activity
restaurer la rentabilité des entreprises	to restore the viability of businesses
l'économie redémarre	the economy is starting to move again
l'investissement rebondit	investment picks up
l'inflation a nettement reculé	inflation has come down considerably
une économie en pleine expansion	a rapidly expanding economy

12.4 Les revenus personnels *Personal income*

le gagne-pain	livelihood
le salaire ⎫ le traitement ⎭	salary, wages
les honoraires (*m*)	professional fees
le salaire brut	gross salary
la mensualité	monthly salary
le revenu imposable	taxable income
le salaire net	net salary (after tax, etc.)
les hauts revenus	high salaries
les revenus moyens	moderate salaries
les bas salaires	low salaries
le SMIC (salaire minimum interprofessionnel de croissance)	minimum wage
toucher un maigre salaire	to be poorly paid
avoir un travail lucratif rémunérateur ⎭	to have a well-paid job
la revalorisation des salaires	pay review
l'augmentation (*f*)	rise
la prime de fin d'année	end-of-year bonus
les avantages (*m*) en nature	benefits in kind
l'aubaine (*f*)	windfall
la prime de licenciement	redundancy pay

l'allocation (*f*) / la prime de maternité — maternity pay
le rentier — person with private income

12.5 L'argent des ménages — *Household finances*

avoir les moyens de subsister — to have enough to live on
débourser — to pay out
payer les factures — to pay the bills
l'indice (*m*) des prix — retail price index
une accentuation de la hausse
  des prix — a marked increase in price rises
le pouvoir d'achat — purchasing power
la disparité des prix et des salaires — imbalance between prices and
  incomes

un prix abordable — an affordable price
    modéré — a reasonable price
    élevé — a high price
    inabordable — a prohibitive price
les prix flambent — prices are spiralling
hors de prix — absurdly expensive
une nouvelle hausse du prix de ... — another increase in the price of ...
un ménage lesté par ... — a household weighed down by ...
avoir de grosses charges — to have heavy commitments
consacrer une partie importante
  de son salaire à ... — to spend a large part of one's
    income on ...
l'essentiel (*m*) — essentials
les produits (*m*) de luxe — luxury goods
la flambée des loyers — steep rise in rents
les dépenses (*f*) d'entretien — maintenance expenses
boucler son budget ⎫
joindre les deux bouts ⎭ — to make ends meet

dépenser selon ses ressources — to live within one's means
arrondir les fins de mois — to supplement one's income
se serrer la ceinture — to tighten one's belt
vivre au-dessus de ses moyens — to live beyond one's means
s'endetter — to get into debt
**subir de plein fouet l'explosion
  des charges** — to feel the full effect of the
    steep rises in costs

12.6 Les facilités de crédit — *Credit facilities*

acheter à crédit — to buy on credit
solliciter un prêt à long terme — to request a long-term loan
      à court terme — short-term loan
      à moyen terme — medium-term loan
un crédit immobilier ⎫
un prêt immobilier ⎬ — mortgage
    hypothécaire ⎭

amortir une dette	to pay off a debt (gradually)
les taux d'intérêt	interest rates
le taux de base bancaire	bank base rate (of interest)
le taux élevé	high rate
le prêt à taux zéro	interest-free loan
prêter au taux de 5%	to lend at 5% interest
l'évolution (*f*) des taux d'intérêt	changes in interest rates
l'envolée (*f*) des taux d'intérêt	sharp rise in interest rates
la baisse brutale	sharp fall

12.7 L'écart entre riches et pauvres

The gap between rich and poor

s'enrichir	to get rich
fortuné(e)	wealthy
des richesses héréditaires	inherited wealth
la répartition des richesses	distribution of wealth
l'inégalité (*f*) des revenus	inequalities of income
les écarts salariaux	gaps between pay levels
les nantis	the well-off
une poignée de privilégiés	a handful of privileged people
avoir une situation aisée	to be well-off
vivre dans l'aisance	to live in prosperity
ne manquer de rien	to have everything
mener grand train	to live in great style
les inégalités s'accentuent	inequalities are increasing
la misère	poverty
les démunis	those suffering deprivation
nécessiteux(-euse)	hard-up
en bas de l'échelle	at the bottom of the ladder
le SDF (sans domicile fixe)	homeless person
un faible niveau de vie	a poor standard of living
faiblement rémunéré(e)	poorly paid
travailler pour un salaire de misère	to work for a pittance
le ménage à faible revenu	household with low income
les personnes défavorisées	disadvantaged people
la famille à faibles ressources	low-income family
dépendre des prestations sociales	to be dependent on state benefits
le minimum vital nécessaire pour survivre	the absolute minimum one needs to survive
combler ses besoins essentiels	to meet one's basic needs
vivre chichement	to live frugally
le seuil de pauvreté	the poverty line
se priver de ... ⎫ se passer de ... ⎬	to do without
créer des tensions sociales	to create tensions in society

13 La politique

13.1 Les tendances politiques *Political leanings*

le parti politique	political party
la gauche	the left
la droite	the right
centriste	in / of the centre
conservateur(-trice)	conservative
travailliste	Labour (U.K.)
socialiste	socialist
communiste	communist
anarchiste	anarchist
extrémiste	extremist
réactionnaire	arch-conservative reactionary
fasciste	fascist
radical	radical
les libéraux-démocrates	Liberal Democrats
les Verts	Greens
le Front national	National Front
le soutien	support
soutenir	to support
partisan du statu quo	in favour of the present system
le porte-parole	spokesperson

13.2 Les désaccords   *Differences of opinion*

la pomme de discorde	bone of contention
soulever un débat	to provoke discussion
un conflit éclate	a conflict breaks out
les discussions *(f)* piétinent	discussions are getting nowhere
un dialogue de sourds	a discussion in which neither side listens to the other
le climat conflictuel	confrontational atmosphere
mettre le feu aux poudres	to act in an inflammatory manner
le noyau d'opposants	hard core of opponents
ne pas en démordre	to refuse to back down
prononcer un violent réquisitoire	to condemn in the strongest terms
un raidissement très net	a very distinct hardening of attitudes
soulever de vives protestations	to provoke vigorous protests
susciter une vive polémique	to stir up a fierce controversy
donner lieu à de multiples contestations *(f)*	to give rise to many objections

13.3 Les tensions internationales

International tensions

les relations internationales	international relations
les Nations Unies	United Nations
l'OTAN	NATO
la violation des droits de l'homme	human rights violations
territoriale	invasion
un foyer de tension est en train de naître	an area of tension is developing
le différend opposant les deux pays	disagreement bringing the two countries into conflict
les relations se détériorent	relations are getting worse
l'escalade verbale	increasingly heated exchanges
rompre les relations diplomatiques	to break off diplomatic relations
la rupture des ...	the breaking off of ...
décider des sanctions économiques à l'encontre d'un pays	to decide on economic sanctions against a country
être soumis(e) à un embargo	to be subjected to an embargo
les super-puissances *(f)*	super-powers
une conférence au sommet	a summit conference
négocier	to negotiate
les discussions *(f)* en coulisses	discussions behind the scenes
des négociations serrées	tightly-argued negotiations
un préalable jugé inacceptable	preconditions regarded as unacceptable
l'intransigeance *(f)*	inflexibility
user d'un droit de veto	to use a right of veto
l'échec *(m)* des pourparlers	breakdown of talks
renouer le dialogue	to reopen discussions
sortir de l'impasse	to break the deadlock
la zone de consensus	area of consensus
trouver un terrain d'entente	to establish an area of agreement
conclure un accord formel	to reach a formal agreement
la détente	decrease in level of tension
un accord bilatéral	agreement between two sides
un grand tournant historique	epoch-making event

13.4 Le conflit armé

Armed conflict

la dispute territoriale	dispute over territory
les tensions internationales	international tensions
les enjeux politiques	political issues
les efforts pacifiques ont échoué	efforts at peaceful resolution have failed
défier les résolutions de l'ONU	to defy UN resolutions
un pays en violation de ses obligations	a country violating its obligations

se heurter à une menace	to come up against a threat
faire face à ...	to face up to ...
confronter des dictateurs agressifs	to confront aggressive dictators
les armes de destruction massive	weapons of mass destruction
l'intervention des grandes puissances	intervention of the major powers
garantir sa propre sûreté nationale	to ensure one's national security
les moyens (m) de défense	defences
l'usage (m) de la force	use of force
entamer une campagne militaire	to embark on a military campaign
recourir à un militarisme excessif	to have recourse to excessive military force
une épreuve de force	a trial of strength
la force de frappe	strike force
(re)lancer les offensives	to launch an(other) offensive
le guet-apens	ambush
le lance-roquettes	rocket launcher
le bombardement	bombing
l'arme (f) d'ultime recours	the ultimate weapon (i.e. last resort)
les crimes (m) de guerre	war crimes
la trève	truce, cease-fire

13.5 Le terrorisme — *Terrorism*

13.5.1 Les causes — *Causes*

le mouvement de résistance	resistance movement
la lutte armée minoritaire	armed struggle of a minority
l'intégriste	fundamentalist
le groupuscule fanatique	fanatical splinter group
commanditer un attentat	to be behind a terrorist attack
le jusqu'au-boutisme	fanatical determination
viser une cible	to aim at a target
frapper des responsables politiques à l'aveugle	to strike at politicians indiscriminately
un attentat suicide	a suicide attack
le kamikaze	suicide bomber
le pirate de l'air	hijacker

13.5.2 Les effets — *Effects*

revendiquer	to claim responsibility for
l'attentat (m)	terrorist attack
la voiture piégée	booby-trapped car
le détournement d'un avion	hijacking of a plane
l'enlèvement (m)	kidnapping
la victime	victim
le massacre de civils	massacre of civilians

l'otage (*m*)	hostage
provoquer d'importants dégâts matériels	to cause considerable damage
déstabiliser le régime en place	to destabilise the existing government
ébranler la démocratie	to weaken democracy
manipuler l'opinion publique	to manipulate public opinion
susciter un dégoût général	to provoke widespread disgust
dénoncer la violence aveugle	to denounce indiscriminate violence
extirper le mal	to root out the evil
céder aux revendications	to give in to demands
tenir bon face au terrorisme	to stand firm against terrorism

14 Les sciences et la technologie

14.1 La recherche scientifique

Scientific research

le laboratoire	laboratory
le / la scientifique	scientist
la théorie	theory
l'expérience (f)	experiment
découvrir	to discover
la découverte	discovery
prouver	to prove

le chercheur / la chercheuse	researcher
le pionnier	pioneer
le domaine de recherche	field of research
mener une recherche sur ...	to conduct research into ...
l'amélioration (f) des connaissances	improvement in knowledge
mettre au point	to develop
la mise au point	process of development
l'innovation (f) technique	technical innovation
la percée	breakthrough
maîtriser une technique	to master a technique
perfectionner une technique	to perfect a technique
le foisonnement d'innovations	profusion of new discoveries
prendre les devants	to be in the lead
brûler les étapes	to make very rapid progress
percer les secrets	to uncover secrets
accomplir des progrès fulgurants	to make staggering progress
les OGM (organismes génétiquement modifiés)	genetically-modified organisms
le clonage	cloning

14.2 La recherche médicale *Medical research*

le médicament	medicine
le traitement	treatment
la recherche clinique	clinical research
améliorer la connaissance	to improve knowledge
d'une maladie	of an illness
les produits (*m*) pharmaceutiques	pharmaceutical products
l'essai (*m*)	test
le remède	cure

dépister l'origine d'une maladie	to trace the origin of a disease
l'élaboration (*f*) de nouveaux médicaments	development of new drugs
trouver un traitement efficace	to find an effective treatment
la mise au point d'un vaccin	perfecting of a vaccine
le meilleur schéma thérapeutique	the best treatment
en évaluer l'efficacité (*f*)	to evaluate its effectiveness
la sécurité	how safe it is
la relation bénéfice / risque	the benefit / risk equation
un aléa thérapeutique	risk attached to treatment
servir de cobaye (*m*)	to be used as a guinea pig
comporter un risque	to carry a risk
repérer les effets secondaires	to identify the side effects
le prélèvement d'organes	removal of parts of the body
l'insémination artificielle	artificial insemination

14.3 Les principes éthiques *Ethical principles*

14.3.1 Les êtres humains *Human beings*

la déontologie	professional code of ethics
le droit à l'auto-détermination	right to decide for oneself
utiliser un patient comme un outil de recherche	to use a patient as a research tool
le pronostic	prognosis
l'espérance (*f*) de vie	life expectancy
être atteint(e) d'un mal incurable	to have an incurable illness
le stade terminal	terminal stage
le prolongement de la vie	prolonging of life
la qualité de la vie restante	quality of life for the time remaining
l'état végétatif permanent	permanent vegetative condition
le respirateur artificiel	life-support machine
l'euthanasie (*f*)	euthanasia

les embryons humains	human embryos
la FIV (fécondation *in vitro*)	IVF (*in vitro* fertilisation)
l'avortement *(m)*	abortion
la manipulation génétique	genetic engineering
le séquençage de l'ADN	DNA profiling
prélever un échantillon	to take a sample
retrouver le code génétique de qqn	to find s.o.'s genetic code

14.3.2 Les animaux   *Animals*

l'expérimentation animale	experiments on animals
la vivisection	vivisection
être indispensable pour certaines recherches	to be invaluable in certain areas of research
la cruauté	cruelty
infliger des souffrances à ...	to inflict suffering on ...
la réglementation rigoureuse	strict control

14.4 L'informatique *(f)*   *Computer science*

l'informatisation *(f)*	computerisation
l'informaticien(ne)	computer expert
l'ingénieur en programmation	software engineer
le matériel	hardware
le / la programmeur(-euse)	computer programmer
la programmation	programming
la puce	chip
le fournisseur d'accès	service provider
le logiciel	software
le logiciel d'application	software package
de mise en page	desktop publishing package
de navigation	browser
la base de données	database
le traitement de l'information	data processing
le virus	virus
le piratage informatique	hacking
la criminalité informatique	breaking into computer programmes
la conception assistée par ordinateur (CAO)	computer-aided design (CAD)
la fabrication assistée par ordinateur (FAO)	computer-aided manufacture
la publication assisté par ordinateur (PAO)	desktop publishing (DTP)

14.5 L'ordinateur *(m)*   The computer

le micro-ordinateur	personal computer
l'ordinateur de bureau	desk-top computer
le PC portable	laptop (computer)
l'agenda *(m)* électronique	
le PDA	electronic personal organiser
l'organiseur *(m)*	
le traitement de texte	word processor
le lecteur	drive
la disquette	floppy disk
le disque dur	hard disk
la clé USB	USB key
l'internaute	net surfer
naviguer (sur)	to browse (on)
le navigateur	browser
le moteur de recherche	search engine
l'écran *(m)*	monitor
le clavier	keyboard
la souris	mouse
le curseur	cursor
le code d'accès	password
cliquer	to click
chercher le menu	to call up the menu
le tableur	spreadsheet programme
la barre d'outils	toolbar
le lien	link
la touche d'entrée / de retour	enter
le tabulateur	tab key
contrôle	Ctrl
la touche Alt	Alt
charger un fichier	to load a file
enregistrer	to save
copier-coller	to copy and paste
effacer	to delete
mettre en forme	
modifier	to edit
mettre à jour	to update
l'imprimante *(f)* à jet d'encre	ink-jet / bubble-jet printer
laser	laser printer
le listage	printout

14.6 Les moyens de communication

Means of communication

la télématique	communications technology
les réseaux (*m*) de communication électronique	electronic communication networks
la messagerie	voicemail / computerised mail
la boîte vocale	voicemail box
avoir accès à ...	to have access to ...
être relié(e) à ...	to be connected to ...
la connexion Internet	internet connection
en ligne	online
être connecté	to be online
le modem } le routeur }	modem
le wifi	wireless connection
le haut débit	broadband
la liaison à haut débit	broadband connection
le courrier électronique	email
arobase	@
par courriel	by email
le texto / sms	text message
la messagerie électronique instantanée	messaging instant messaging
l'achat (*m*) en ligne	online shopping
un hyperlien	hyperlink
le spam	spam
le chat	chat room
chatter	to chat online
le téléchargement	downloading
la baladodiffusion	podcasting
numérique	digital
analogique	analogue
le lecteur de CD-ROM	CD-ROM reader
le graveur de CD-ROM	writer
le lecteur de DVD	DVD player
le camescope	camcorder
l'appareil photo (*m*) numérique	digital camera
être en évolution constante	to be changing all the time

14.7 Pour ou contre?   *For or against?*

le défenseur	advocate
laisser faire	to let things take their course
des retombées positives	positive consequences
simplifier la vie	to make life easier
le vecteur d'information	vehicle for information
une source de mieux-être	a source of greater well-being
l'outil (*m*) précieux	precious tool
faire gagner du temps	to save time
l'accélération (*f*) des échanges	speeding up of communication
la rapidité de l'information	speed of relaying news
l'aide (*f*) aux handicapés	help to disabled people
le détracteur	detractor
les effets pervers	negative effects
la tentation du plagiat	temptation to plagiarise
des effets nocifs imprévus	unexpected damaging effects
les effets sur le plan écologique	ecological effects
favoriser la criminalité	to encourage criminal behaviour
envahir la vie privée	to invade private life
des menaces pour la santé	threats to health
la suppression d'emplois	loss of jobs

14.8 La conquête de l'espace *The conquest of space*

l'astronaute	astronaut
le / la cosmonaute	cosmonaut
l'engin spatial	spacecraft
la fusée	rocket
le compte à rebours	countdown
mettre à feu	to fire
la mise à feu	firing
le lancement	launch
placer en orbite terrestre	to put into orbit around Earth
propulser vers ...	to propel towards ...
la navette spatiale	space shuttle
alunir	to land on the moon
la station spatiale	space station
s'arrimer à	to dock with
les expériences (*f*) scientifiques	scientific experiments
la sortie dans l'espace	space walk
la sonde spatiale	space probe
quitter le système solaire	to leave the solar system
étudier un corps céleste	to study a star, planet, etc.

15

L'écologie et l'environnement

15.1 Les besoins énergétiques

Energy needs

l'offre d'énergie	energy available
la consommation	consumption
répondre aux besoins	to meet the needs

assurer l'approvisionnement du monde	to ensure that the world is supplied
les ressources existantes	existing resources
la production énergétique	energy production
l'épuisement progressif	progressive depletion
une hausse globale	world-wide increase
l'augmentation (f) des besoins	increase in needs
l'envolée de la demande	sharp rise in demand
la croissance économique	economic growth
démographique	population growth
l'accroissement (m) des activités industrielles	increase in industrial activity
l'industrialisation accélérée	more rapid industrialisation
l'efficacité énergétique	energy efficiency
la fiabilité	reliability
la compétitivité	competitiveness
économiser les ressources naturelles	to save natural resources

15.2 Les combustibles fossiles

Fossil fuels

le charbon	coal
le gaz	gas
le carburant	fuel
l'essence (f)	petrol

le pétrole (brut)	(crude) oil
le fioul	heating oil
le gasoil	diesel fuel
le gisement	deposit (oil, gas)
la plate-forme pétrolière	oil rig
le forage pétrolier	drilling for oil
le pétrolier	oil tanker

l'oléoduc (m) ⎫	oil pipeline
le pipeline ⎭	
le baril de brut	barrel of crude oil
la raffinerie de pétrole	oil refinery
la répartition géographique des stocks	geographical distribution of stocks

15.3 L'énergie nucléaire — *Nuclear energy*

le réacteur	reactor
la centrale nucléaire	nuclear power station
la sûreté	safety
les risques environnementaux	environmental risks
susciter des craintes	to arouse fears
la défaillance	breakdown
la fuite	leak
le risque terroriste	risk of terrorist attack
sismique	earthquake
le traitement des déchets	treatment of waste
les transports à haut risque	high-risk transportation
le stockage	storage
le centre d'enfouissement	centre where waste is buried
un cadeau empoisonné aux	a poisoned legacy for future
** générations futures**	generations
l'accident mortel	fatal accident
une irradiation	exposure to radiation
la contamination (durable)	(lasting) contamination
rendre inhabitable	to make uninhabitable
l'apocalypse (f) nucléaire	nuclear holocaust
garantir l'indépendance	to guarantee an independent
énergétique	energy supply
une production performante	efficient production
respecteueux(-euse) de l'environnement	respectful of the environment

15.4 L'énergie renouvelable — *Renewable energy*

le besoin de diversification	need to diversify
les énergies nouvelles	new sources of energy
la ressource naturelle	natural resource
l'énergie éolienne	wind power
hydraulique	water power
marémotrice	tidal power
solaire	solar power
des vagues	wave power
issue de la biomasse	energy from the biomass
la géothermie	heat from the earth
le barrage hydroélectrique	hydroelectric dam
la houille blanche	power
le panneau solaire	solar panel

inépuisable	inexhaustible
non-polluant(e)	non-polluting
disponible en quantité illimitée	available in unlimited quantities
les coûts de fonctionnement	running costs
l'utilisation (f) à grande échelle	large-scale use
répondre à un enjeu environnemental	to address an environmental issue
avoir un faible impact sur ...	to have little impact on ...
n'entraîner aucun rejet	to involve no emissions
la propreté	cleanliness
dépendre des facteurs climatiques	to be dependent on climatic factors
difficile à prévoir	unpredictable
une production aléatoire	an uncertain production
les effets sur le paysage	impact on the countryside

15.5 La pollution   *Pollution*

les polluants (m)	pollutants
jetable	disposable
toxique	poisonous
la centrale thermique	power station
les décharges industrielles	industrial waste
les émissions (f) de gaz carbonique	discharge of carbon gas
les gaz d'échappement	exhaust fumes
le dioxyde de carbone	carbon dioxide
se diffuser	to spread
les métaux lourds	heavy metals
les ordures ménagères	household waste
les eaux usées	sewage
les déchets urbains	rubbish from towns
industriels	industrial waste
le gaz à effet de serre	greenhouse gas
le système réfrigérant	refrigeration system
les chlorofluocarbones / CFC	CFC gases
l'agriculture (f) à grand renfort d'engrais chimiques	agriculture which relies heavily on chemical fertilisers
le pesticide	pesticide
la vidange des pétroliers	draining of oil tankers
la marée noire	oil spill / slick
se déverser dans la mer	to flow into the sea

15.6 Les retombées   *The consequences*

contaminer	to contaminate
les dégâts (mpl)	damage
les effets (m) néfastes	harmful effects
la nocivité de qqch.	harmful nature of something
stériliser le sol	to make the earth sterile
une menace d'ampleur	a significant threat

avoir un effet dévastateur	to have a devastating effect
l'hécatombe *(f)*	mass destruction
le seuil catastrophe	disaster level
malodorant(e)	smelly
toxique	poisonous
l'air irrespirable	unbreathable air
la dégradation de l'eau	deterioration of water
des sols	soil
dégrader le milieu naturel	to damage the natural environment
enlaidir la nature	to ruin the landscape
la chaîne alimentaire	food chain
l'effet *(m)* de serre	greenhouse effect
provoquer des perturbations écologiques	to disrupt ecological systems
le pouvoir d'épuration des océans	capacity of the sea to absorb
arriver au seuil de saturation	to reach saturation point
dépasser le seuil	to go beyond the point
les pluies *(f)* acides	acid rain
le dépérissement des forêts	dying off of forests
les malformations génétiques	genetic disorders
puiser dans le patrimoine	to use up our heritage
brader le patrimoine naturel	to sell our natural heritage down the river

15.7 Les changements climatiques

Climate change

selon les climatologues	according to climatologists
le réchauffement de la planète	global warming
la hausse généralisée de la température	general rise in temperature
le trou dans la couche d'ozone	hole in the ozone layer
la sécheresse	drought
la canicule	heatwave
la nappe phréatique	water table
la désertification	turning into desert
la banquise	ice shelf
la fonte des calottes polaires	melting of polar icecaps
faire monter le niveau des océans	to cause a rise in the sea-level
l'ouragan *(m)*	hurricane
la tornade	tornado
la trombe	whirlwind
les pluies diluviennes	torrential rainfall
l'inondation *(f)*	flood
la crue subite	flash flood
le raz-de-marée	tidal wave
rayer de la carte	to wipe off the map

15.8 Les espèces en voie de disparition

Endangered species

la biodiversité	biodiversity
l'espèce animale	animal species
végétale	plant species
épuiser	to deplete
la zone de reproduction	breeding ground
l'habitat naturel	natural habitat
le défrichement / défrichage	clearance of land
la mise en culture	new use for cultivation
l'abattement (*m*) des arbres	logging
le déboisement ⎱ déforestation ⎰	deforestation
l'érosion (*f*) du sol	soil erosion
la forêt tropicale humide	rain forest
partir en fumée	to go up in smoke
l'implantation d'industries	setting up of industrial sites
la pression démographique	pressure from population increase
la chasse (au gros gibier)	(big game) hunting
les trafics	poaching for profit
la surpêche industrielle	industrial over-fishing
l'urbanisation des côtes	coastal urban development
déstabiliser	to destabilise
perturber l'écosystème	to disrupt the ecosystem
bouleverser l'équilibre écologique	to upset the ecological balance
diminuer en nombre	to dwindle
se raréfier	to become scarce
être menacé d'extinction	to be threatened with extinction
l'extinction de masse	mass extinction

15.9 Les mouvements écologiques

Ecological campaigns

l'écologiste	environmentalist
les Amis de la terre	Friends of the Earth
prévoir les conséquences	to foresee the consequences
une meilleure gestion des ressources	better management of resources
la préservation	conservation
la défense de l'environnement	nature conservation
la sauvegarde de l'équilibre écologique	preservation of the ecological balance
parer aux changements climatiques	to deal with climate change
l'agriculture biologique	organic farming
limiter les dégâts	to contain the damage
sensibiliser les opinions	to make people aware of the problem

changer de mode de consommation énergétique	to change the energy supply
privilégier les énergies non-polluantes	to favour non-polluting forms of energy
au détriment des énergies fossiles	in preference to fossil fuels
les matériaux (*m*) bio-dégradables	bio-degradable substances
l'épuration (*f*) des eaux usées	purification of used water supplies
contrôler les rejets polluants	to control waste which causes pollution
protéger les réserves d'eau douce	to protect stocks of fresh water
le reboisement	replanting of trees
préserver la biodiversité	to preserve biodiversity
la survie des espèces	survival of species

15.10 Le rôle de l'individu
The role of the individual

être conscient(e) des enjeux	to be aware of the issues
se pencher sur ses tendances de consommation	to focus on one's tendencies as a consumer
réduire son impact négatif sur ...	to reduce one's negative impact on ...
l'empreinte carbone	carbon footprint
la covoiturage	car sharing
éviter le gaspillage	to avoid waste
le tri	sorting
le recyclage	recycling
recycler les détritus	to recycle rubbish
le bac de récupération	recycling bin
le compostage	composting
disposer des plantes dans son intérieur	to have indoor plants
acheter des produits biologiques	to buy organic produce
se nourrir de végétaux de saison	to eat seasonal vegetables
la conservation d'énergie	energy conservation
l'efficacité énergétique	energy efficiency
un appareil à haut rendement énergétique	energy-efficient equipment
économiser l'eau potable	to save drinking water
la réutilisation le réemploi }	re-use
les produits biodégradables	biodegradable materials

15.11 L'action gouvernementale

Government action

mettre en pratique les projets annoncés	to put published plans into practice
des mesures de sensibilisation	measures to arouse awareness
améliorer les attitudes envers ...	to improve attitudes towards ...
les comportements	ways of behaving
l'alphabétisation environnementale	environmental literacy
fournir un matériel pédagogique adéquat	to provide suitable teaching resources
gérer les ressources naturelles	to manage natural resources
équilibrer la consommation à la production de la nature	to balance consumption with what nature can produce
réduire les émissions de gaz carbonique	to reduce carbon emissions
améliorer le taux de recyclage	to improve levels of recycling
la déchetterie	waste collection / recycling centre
la gestion des déchets	management of rubbish
la valorisation des déchets organiques	constructive use of organic garbage
limiter le recours aux décharges	to limit the use of dumps
diminuer l'incinération	to reduce incineration
modifier les méthodes d'emballage	to change ways of packaging
réduire les courriers non-sollicités	to reduce unwanted mail

Les médias

16.1 Généralités

Generalities

diffuser	to broadcast
divertir	to entertain
le divertissement	entertainment
tenir au courant	to keep informed
la valeur éducative	educational value
la couverture médiatique	media coverage
enregistrer	to record
le réseau	network
la chaîne	channel
le contenu	contents
l'univers (*m*) médiatique	the world of the media
capter une émission	to pick up a broadcast
le studio (d'enregistrement)	(recording) studio
en direct	live
en différé	recorded
le / la correspondant(e)	correspondent
l'envoyé(e) spécial(e)	special correspondant
le présentateur / la présentatrice	news reader
l'animateur / l'animatrice	presenter
le réalisateur / la réalisatrice	producer
les indices (*m*) d'écoute	audience ratings
les cotes (*f*) d'écoute	popularity ratings
drainer une large audience	to draw a wide audience
la redevance	licence fee

16.2 Les programmes

Programmes

la grille horaire	programme schedule
la programmation	programme planning
les heures de grande écoute	peak viewing hours
la course à l'audience	competition between channels
un programme consacré à …	programme dedicated to …
l'émission (*f*) de divertissement	entertainment programme
pour enfants	children's programme
d'humour	comedy programme
interactive	interactive broadcast
le programme de variétés	variety show
à vocation culturelle	programme dedicated to culture

le jeu télévisé	quiz show
la téléréalité	reality TV
la comédie de situation	situation comedy
le téléjournal / journal télévisé	TV news
les informations (f)	news
le bulletin d'informations	news bulletin
le point sur l'actualité	news summary
les points chauds de l'actualité	main points of the news
l'analyse (f) de l'actualité	analysis of current events
les actualités régionales	regional news
le bulletin météo	weather forecast
le débat télévisé	discussion programme
commenter un match	to provide commentary on a match
le documentaire	documentary
le feuilleton	soap opera
le talk-show	chat show
le long métrage	feature film
la rediffusion	repeat

16.3 La radio — *Radio*

la radiodiffusion sonore	radio broadcasting
régler son poste sur ...	to tune into ...
la radio locale	local radio
à l'antenne	on the air
l'auditoire (m)	radio audience
l'auditeur / l'auditrice	listener
le reportage radio	radio news reporting
l'animateur / l'animatrice	compere
le disc-jockey / DJ	disc jockey

16.4 La télévision — *Television*

le petit écran	the small screen
le téléspectateur / la téléspectatrice	viewer
les industries productrices de programmes	production companies
les télédiffuseurs	TV broadcasters
l'offre télévisuelle	what TV provides
la chaîne à péage	pay-to-view channel
du câble	cable channel
la chaîne numérique spécialisée	specialised digital channel
la télévision numérique terrestre	terrestrial digital TV
l'extinction de la télévision analogique	the phasing out of analogue TV

16.5 L'influence de la télévision

The influence of television

le média de masse	mass medium
l'exposition (f) à …	exposure to …
la mainmise de la télé sur …	TV's hold on …
un environnement télévisuel surchargé	world overcrowded with TV programmes
la valeur éducative	educational value
développer l'habileté d'apprentissage	to develop learning skills
aiguiser la curiosité	to sharpen curiosity
développer le sens critique	to develop one's critical faculties
aider à mieux connaître d'autres cultures	to help to find out about other cultures
traiter de sujets controversés	to deal with controversial topics
le côté malsain	the unhealthy side
encourager la passivité	to encourage passivity
détruire l'art de la conversation	to destroy the art of conversation
accaparer l'attention des enfants	to monopolise children's attention
l'influence (f) des contenus violents	influence of scenes of violence
la désensibilisation	desensitisation
prendre l'exemple sur …	to model oneself on …
l'augmentation (f) des comportements agressifs	increase in aggressive behaviour
miser sur le contenu sexuel	to rely on sexual content
des images de beauté et de minceur irréaliste	unrealistic images of beauty and slimness
encourager un mode de vie sédentaire	to encourage a sedentary lifestyle
souffrir d'obésité	to suffer from obesity
un(e) accro à la télé	TV addict
c'est abrutissant	it dulls people's wits

16.6 La presse

The press

le journal quotidien	daily newspaper
la revue / le magazine hebdomadaire	weekly magazine
mensuel(le)	monthly
la presse régionale	regional press
le reporter	reporter
l'illustré (m)	comic
la bande dessinée	comic strip
le lecteur / la lectrice	reader

se tenir au courant	to keep abreast of events
le droit à l'information	the right to know
le journalisme d'investigation	investigative journalism
révéler	to disclose
dénoncer	to expose
le format tabloïd	tabloid format
le quotidien grand format	daily broadsheet
le lectorat	readership
un journal à fort tirage	paper with a big circulation
tiré(e) à 800 000 exemplaires	with a circulation of 800,000
le rédacteur / la rédactrice	editor
l'équipe (f) de rédaction	editorial team
les gros titres ⎫ les manchettes (f) ⎬	headlines
à la une	on the front page
une exclusivité	scoop
un article de tête	leading article
la rubrique des sports	sports column
le / la critique	critic
la critique	criticism
le compte rendu	review, account
les faits divers	short news items
le reportage	report / reporting
les petites annonces	small ads
le courrier	letters
les mots croisés	crossword
la nécrologie	obituary column
les revenus (m) publicitaires	income from advertising

16.7 La presse à sensation   *The tabloid press*

le journal de petit format	tabloid paper
les titres racoleurs	sensationalist headlines
faire appel aux instincts les plus bas	to appeal to the basest instincts
être compulsivement attiré par ...	to be irresistibly attracted by ...
la presse poubelle	gutter press
people	gossip about 'celebrities'
la grossièreté	vulgarity
le scandale sexuel	sex scandal
financier	financial scandal
montrer l'envers du décor	to show behind the scenes
utiliser à des fins mercantiles	to make use of for profit
l'article provocateur	provocative article
espionner qqn	to spy on s.o.
harceler	to harass
une invasion de la vie privée	invasion of private life
un article de caractère diffamatoire	libellous article

verser des dommages	to pay damages
une arrière-pensée politique	political ulterior motive
nourrir les préjugés / partis-pris *(m)*	to fuel prejudice
alerter l'opinion publique	to arouse public opinion
sauvegarder la libre parole	to protect free speech
un abus de la liberté d'information	an abuse of freedom of information

16.8 Le culte de la célébrité — *The cult of celebrity*

le phénomène social	social phenomenon
la lecture d'évasion	escapist reading
la rupture avec le quotidien	break from daily life
la vedette } la star }	star
une icône	an iconic figure
les bavardages *(m)*	gossip
être friand(e) d'informations	to be hungry for information
la vie privée des personnalités	private lives of personalities
la vie sentimentale	love-life
un monde scintillant	a glittering world
rechercher la gloire	to seek fame
être en quête de reconnaissance	to be looking for recognition
faire parler de soi	to get oneself talked about
se faire une renommée	to make a name for oneself
être obnubilé(e) par la célébrité	to be obsessed with fame
occuper le devant de la scène médiatique	to be the centre of media attention
être placé(e) sur un piédestal	to be put on a pedestal
exercer une fascination croissante	to exert a growing fascination
la marchandisation de sa personne	offering oneself like goods for sale
prêter son image à ...	to lend one's image to ...
les recettes publicitaires	advertising revenue
la surexposition	over-exposure
être soumis à une pression constante	to be subjected to constant pressure
la perte de son identité	loss of one's identity
l'intimité	privacy

16.9 La publicité — *Advertising*

16.9.1 Les buts — *Aims*

le nom de la marque	brand name
promouvoir	to promote
l'annonceur	advertiser
la stratégie commerciale	business strategy
conquérir un marché	to win a market
viser une cible	to have a target in view

le consommateur	consumer
attirer l'attention	to attract attention
éveiller l'intérêt	to arouse interest
susciter la curiosité	to stimulate curiosity
accrocher qqn	to make s.o. take notice
diriger le choix	to influence choice
influencer le comportement d'achat	to influence shopping habits
le fer de lance du marketing	spearhead of marketing
la mise en valeur de la marque	enhancement of the brand
créer la notoriété de la marque	to make the brand famous
établir la crédibilité de ...	to make ... credible
faire convoiter l'objet	to make people want the thing
susciter la convoitise	to arouse a desire to own
l'incitation (f) à l'achat	incentive to buy
décrocher la confiance des clients	to win the customers' confidence
créer des images de marque	to create images of the brand
imposer le nom de la marque dans l'esprit du public	to establish the product name in the public's mind
créer un automatisme	to create an automatic response
inculquer l'idéologie de la consommation	to inculcate a consumerist ideology

16.9.2 Les méthodes

Methods

faire de la réclame	to advertise
la campagne de publicité	advertising campaign
les mécanismes de la séduction	ways of seducing people
une annonce efficace	an effective advertisement
astucieuse	clever advertisement
choquante	advertisement which shocks
la publicité ambiante / d'ambiance	advertising in public spaces
en ligne	advertising on the web
numérique / virtuelle	computer-generated advertising
le spot publicitaire	advert, commercial
le placard publicitaire	advertisement hoarding
le publipostage	mailing
'satisfait ou remboursé'	'your money back if not satisfied'
le parrainage	sponsoring
vanter les mérites de ...	to extol the merits of ...
l'accroche publicitaire (f)	advertising slogan
un air accrocheur	catchy tune
l'emballage (m)	packaging
le placement de produit	product placement
la technique du perroquet	repeating parrot-fashion
la publicité tapageuse	obtrusive advertising
le matraquage publicitaire	bombarding with advertising
le pouvoir de la suggestion	power of suggestion
le prestige de l'image de marque	the glamour of the brand image

associer une situation heureuse
au produit
séduire l'imagination
favoriser la réussite
l'image idéalisée de soi
mettre en jeu un désir
jouer sur les valeurs sociales
faire appel aux sens
répondre aux besoins physiologiques
présenter des demi-vérités
la publicité mensongère
l'attrait trompeur
exploiter la crédulité
des désirs latents
la naïveté des enfants

to link the product to a happy
situation
to seduce the imagination
to improve the chances of success
idealised image of oneself
to bring a desire into play
to play on social values
to appeal to the senses
to respond to the needs of the body
to present half-truths
misleading advertising
false lure
to exploit credulity
hidden desires
children's naïvety

16.9.3 Les effets

Effects

le message s'ancre dans la mémoire
le lavage de cerveau
le conditionnement psychologique
agir sur le subconscient
transformer les enfants en
consommateurs
acheter aveuglément
créer des besoins superflus
dilapider de l'argent
vivre au-delà de ses moyens
le surendettement des ménages
la soumission au groupe
porter un logo est valorisant
une vision du monde tronquée
la surcharge publicitaire
une société gavée de biens

diffuser une culture matérialiste
la publicité abuse de son pouvoir
une atteinte à la dignité de
la personne

the message sticks in the memory
brainwashing
psychological conditioning
to act on the subconscious
to transform children into
consumers
to buy without thinking
to create imaginary needs
to squander money
to live beyond one's means
households getting heavily into debt
bowing to peer pressure
wearing a logo makes you feel good
truncated view of the world
excessive amount of advertising
society over-provided with
material possessions
to spread a culture of materialism
advertising abuses its power
an affront to human dignity

Les voyages et le tourisme

17.1 En voyage — *Travelling*

le trajet	journey
le moyen de transport	means of transport
les transports en commun / collectifs	public transport
l'horaire (*m*)	timetable
circuler	to run (e.g. daily)
à l'heure	on time
retardé	delayed
annulé	cancelled
la circulation	traffic
passer par ...	to go via ...
la pièce d'identité	ID

le parcours	journey, part of journey
en voyage d'affaires	on a business trip
le transport aérien *low-cost*	budget air travel
le vol long-courrier	long-haul flight
moyen-courrier	medium-haul flight
court-courrier	short-haul flight
les bagages (*m*) en soute	hold luggage
en cabine	cabin luggage
à main	hand luggage
les contrôles (*m*) de sûreté	security checks
faire escale	to make a stop-over
mal supporter le décalage horaire	to suffer from jet-lag
l'engorgement du trafic aérien	air traffic congestion
le réseau ferroviaire	rail network
routier	road network
(peu) fiable	(un)reliable
subir un retard	to be subject to a delay
le trafic est perturbé	services are disrupted
interrompu	suspended

17.2 Les vacances traditionnelles

Traditional holidays

le / la vacancier(-ière)	holiday-maker
les migrations vacancières	migration at holiday times
le chassé-croisé	intense flow of holiday traffic in and out of resorts
un(e) estivant(e)	summer holiday-maker
un(e) hivernant(e)	winter holiday-maker
le besoin de se changer les idées	the need for a change
partir en villégiature	to go and stay somewhere on holiday
l'évasion (f)	escape
la détente	relaxation
faire du tourisme	to go sightseeing
les vacances vertes	holiday in the country
actives	activity holiday
la station thermale	spa
la station balnéaire surpeuplée	overcrowded seaside resort
le club de vacances	holiday camp
la croisière	cruise
le séjour	stay
l'hébergement (m) marchand	paid accommodation
le séjour hôtelier	hotel stay
la pension de famille	guest-house
la chambre d'hôte	bed and breakfast accommodation
les sports (m) d'hiver	winter sports
la station de ski	ski resort
le ski de fond	cross-country skiing
faire des randonnées	to go hiking
animé(e)	lively
tranquille	quiet
la vie nocturne	nightlife

17.3 L'évolution du tourisme *Developments in tourism*

le court séjour	short break
le voyage indépendant	independent travel
le routard	backpacker
le désir de dépaysement	desire for a change of scene
la découverte	discovery
parcourir le monde	to travel the world
le voyage organisé	guided tour
les prestations forfaitisées	package deals
à la portée de tout le monde	within everyone's reach
la démocratisation du tourisme internationale	making international travel available to more people
l'enclave (f) touristique	enclave for tourists

le complexe hôtelier	hotel complex
vivre dane une bulle climatisée	to live in an air-conditioned bubble
aseptisée	a sterilised bubble
sécurisée	a secured bubble
l'insécurité (f) sanitaire	concern about unsafe toilet facilities
alimentaire	the food
politique	political instability
climatique	the climate
le tourisme écologique	ecological tourism
sexuel	sex tourism
le piège à touristes	tourist trap
pratiquer des prix exorbitants	to charge excessive prices

17.4 Les retombées du tourisme de masse

Consequences of mass tourism

les gagnants et les perdants	winners and losers
un outil de développement	an aid to development
la première source de devises	main source of currency
générer des emplois	to create jobs
infrastructures	infrastructures
fournir des postes précaires	to provide jobs with no security
l'autochtone	local resident
la rencontre interculturelle	meeting of different cultures
la compréhension mutuelle	mutual understanding
les coûts sociaux	social costs
environnementaux	environmental costs
culturels	cultural costs
le consumérisme insouciant	inconsiderate consumerism
disloquer les communautés d'origine	to break up native communities
détourner les ressources naturelles	to divert natural resources
l'appât du gain à court terme	temptation of short-term gain
provoquer des dégâts environnementaux	to cause environmental damage
le saccage des écosystèmes	wanton destruction of ecosystems
l'érosion *(f)* du littoral	eating up the coastline
abandonner les savoir-faire traditionnels	to give up traditional skills
transformer l'artisanat en objets souvenirs	to turn handicrafts into souvenirs
pervertir les réalités locales	to distort the realities of local life
s'adapter pour en tirer profit	to adapt in order to make money
la marchandisation de l'exotisme	commercialisation of exoticism
la folklorisation des sociétés	turning communities into folklore shows
enrichir les multinationales	to make big profits for multinational companies

18 Le Tiers-Monde

18.1 Les problèmes humains *Human problems*

la misère	poverty
la souffrance	suffering
mourir de faim	to die of starvation
la maladie	disease
la famine	famine

la population indigène	native population
en croissance rapide	fast-growing population
la sous-alimentation chronique	chronic under-nourishment
l'espérance (f) de vie	life expectancy
l'épidémie (f)	epidemic
être atteint(e) du SIDA	to have AIDS
la mortalité infantile	infant mortality
l'orphelin(e)	orphan
analphabète	illiterate
sans abri	homeless
le réfugié	refugee
l'amputé(e)	amputee
au-dessous du seuil de pauvreté	below the poverty line
mendier	to beg
le bidonville	shanty town
insalubre	insanitary
le taudis	hovel

18.2 Les problèmes politiques — Political problems

l'instabilité (f)	instability
les affrontements religieux	clash between religions
l'absence de structures démocratiques	absence of democratic systems
la guerre civile	civil war
la guerilla	guerilla warfare
le génocide	genocide
le camp de réfugiés	refugee camp
des élections marquées par la fraude électorale	rigged elections
le dictateur	dictator
la dictature	dictatorship

le gouvernement militaire	military government
s'appuyer sur l'armée	to rely on the army
les structures juridiques	legal system
la corruption	corruption
servir de refuge aux mouvements terroristes	to act as a haven for terrorist movements

18.3 Les problèmes économiques

Economic problems

la monnaie instable	unstable currency
l'inflation galopante	run-away inflation
le manque de capitaux locaux	lack of local funds
la situation de déficit d'endettement	state of being in deficit in debt
fortement endetté	heavily in debt
le Fonds monétaire international	International Monetary Fund
la Banque mondiale	World Bank
une économie émergeante	emerging economy
créer un climat propice à l'investissement	to create a climate which will encourage investment
le commerce équitable	fair trade
le décollage économique	taking off economically

18.4 Les problèmes écologiques

Ecological problems

la désertification	countryside turning into desert
la surexploitation	over-exploitation
les matières premières	raw materials
la déforestation	deforestation
les intempéries (f)	bad weather
le séisme	earthquake
l'inondation (f)	flood
la sécheresse	drought
le manque d'eau (f) potable	lack of drinking water
la récolte est perdue	the harvest is lost
la disette	shortage
anéantir	to wipe out

18.5 L'aide

Aid

un pays en voie de développement	developing country
un pays sous-développé	under-developed country
l'organisation (f) humanitaire	aid agency
l'association caritative	charitable organisation
le / la volontaire / bénévole	voluntary aid worker
la Croix-Rouge	the Red Cross
apporter de l'aide	to bring aid
octroyer de l'aide	to grant aid
des mesures d'aide en faveur de …	measures to help …
améliorer les conditions de vie	to improve living conditions
les perspectives d'amélioration	prospects for improvement
le pays donateur	country providing aid
l'aide (f) alimentaire	food aid
les vivres (mpl)	foodstuffs
les denrées alimentaires	food supplies
le centre de distribution	distribution centre
avoir accès aux biens essentiels	to be able to obtain essential goods
alléger la souffrance	to relieve suffering
les installations (f) sanitaires	sanitation
l'alphabétisation (f)	teaching to read and write
reloger les sans-abri	to rehouse the homeless
les abris d'urgence	emergency shelters

19.1   Généralités   *Generalities*

s'inspirer de ...	to get an idea, inspiration from ...
l'idée *(f)* de départ	initial idea
traiter de ...	to deal with ...
la signification	significance, meaning
représenter	to portray
le personnage	character (i.e. individual)
le scénario	situation
l'intrigue *(f)*	the plot
le dénouement	outcome
réaliste	realist(ic)
imaginaire	imaginary
la fantaisie	fantasy
porter un jugement sur ...	to make a judgement on ...
le chef d'œuvre	masterpiece

19.2   Le théâtre   *Theatre*

le / la dramaturge	playwright
la pièce de théâtre	play
être à l'affiche	to be on, showing
la répétition générale	dress rehearsal
la première	first night
la représentation	performance
la distribution	cast(ing)
le comédien / la comédienne	actor / actress
interpréter un rôle	to play a part
faire du théâtre	to go on the stage
la scène	stage
la mise en scène	production
le metteur en scène	director
le décor	scenery
faire salle comble	to play to full houses
le bide	flop
le théâtre subventionné	subsidised theatre

19.3 Le cinéma

Cinema

le septième art	the seventh art, i.e. the cinema
le / la scénariste	scriptwriter
le scénario	screenplay
le producteur / la productrice	producer
le réalisateur / la réalisatrice	director
la vedette	film star
tourner un film	to make a film
sur le plateau	on set
en extérieur	on location
le multiplexe	multiscreen cinema
la salle d'art et d'essai	'arts' cinema
le cinéphile	regular film goer
la commission de censure	board of censors
la bande-annonce	trailer
la sortie en salle	general release
passer	to be showing
la rotation	change of programme
doubler	to dub
en version française	dubbed in French
en version originale	in the original language
sous-titré(e)	sub-titled
le long-métrage	feature film
le court-métrage	short film
le film à faible budget	low-budget film
à gros succès	blockbuster
interdit aux moins de 18 ans	'18' film
à grand spectacle	epic
d'animation	cartoon
d'aventures	adventure film
biographique	biopic
catastrophe	disaster film
d'épouvante	horror film
d'espionnage	spy film
'x' / hard	'pornographic' film
muet	silent film
policier	detective film

19.4 La littérature

Literature

l'écrivain (*m/f*)	writer
l'auteur (*m*)	author
l'ouvrage (*m*)	work
les œuvres complètes	complete works
le romancier / la romancière	novelist
le roman	novel
le roman de mœurs	novel depicting aspects of society
d'anticipation	science fiction novel
à thèse	novel with philosophical message
le récit	narrative
le conte	tale
la nouvelle	short story
le poète	poet
le poème	poem
la poésie	poetry
le recueil	collection (e.g. of poems)
publier	to publish
l'éditeur / l'éditrice	publisher
inédit	unpublished
paraître en librairie	to be published
la parution d'un livre	publication of a book

19.5 La musique

Music

le musicien / la musicienne	musician
jouer d'un instrument	to play an instrument
le chanteur / la chanteuse	singer
la cantatrice	female opera singer
la partition	musical score
avoir l'oreille musicale	to have a musical ear
la musique sacrée	religious music
profane	non-religious music
le chef d'orchestre	conductor
l'opéra (*m*)	opera
le compositeur / la compositrice	composer
le / la soliste	soloist
le chœur	(church) choir, chorus
la chorale	choir
le / la pianiste de concert	concert pianist

19.6 La peinture

Painting

l'art contemporain	modern art
une collection (de tableaux)	collection (of paintings)
l'exposition *(f)*	exhibition
le vernissage	private viewing
la peinture	painting
le portrait en pied	full-length portrait
la nature morte	still life
au premier plan	in the foreground
à l'arrière-plan	in the background
la toile } le tableau }	canvas
le / la peintre	painter
le / la portraitiste	portrait painter
le / la paysagiste	landscape painter
dessiner	to draw
une esquisse	sketch

19.7 L'architecture

Architecture

l'architecte *(m/f)*	architect
l'architecte d'intérieur	interior designer
le plan	design
l'agencement *(m)*	layout
la disposition des pièces	layout of rooms
les matériaux *(m)* de construction	building materials
l'édifice *(m)*	building
sculpter	to carve
médiéval	medieval
classique	classical
contemporain	contemporary
imposant(e)	impressive-looking
orné(e)	ornate
une horreur une monstruosité } une verrue	eyesore

‍‍‍‍‍‍‍‍‍‍‍‍‍‍

20 Le patrimoine

20.1 Le patrimoine culturel — *Cultural heritage*

le musée	museum
le / la conservateur(-trice)	curator
l'histoire de l'art	art history
la conservation	conservation
assurer la sauvegarde de ...	to ensure the protection of ...
restaurer	to restore
la remise en état	carrying out restoration
les travaux de restauration	restoration work
d'entretien	maintenance work
mettre en valeur	to enhance
faire connaître les richesses artistiques	to make people aware of artistic treasures
l'archéologie (f)	archeology
la fouille	architectural dig
le musée lapidaire	archeological museum
l'artefact (m)	artefact
moyenâgeux(-euse)	from the Middle Ages
médiéval(e)	medieval
les archives (f)	archives
le manuscrit	manuscript

20.2 Les monuments historiques — *Historic buildings*

le site préhistorique	prehistoric site
le site archéologique	archeological site
l'abbaye (f)	abbey
la basilique	basilica
la cathédrale	cathedral
la chapelle	chapel
le monastère	monastery
le clocher	bell tower
le campanile	free-standing bell-tower
le cloître	cloister
la crypte	crypt
la flèche	spire
le palais	palace
le château	stately home

la forteresse	fortress
le château fort	castle
les remparts *(m)*	ramparts
le donjon	keep
l'oubliette *(f)*	dungeon
la halle	covered market
le patrimoine industriel	industrial heritage

20.3 Le patrimoine immatériel

Intangible heritage

la survie des cultures locales	survival of local cultures
le risque de disparition	risk of sthg disappearing
la diversité culturelle	cultural diversity
la créativité humaine	human creativity
le sentiment d'identité de continuité	sense of identity continuity
la pratique	practice
la coutume	custom
la connaissance	knowledge
le savoir-faire	skill
l'expression orale	oral expression
un vecteur du patrimoine	a vehicle for passing on our heritage
les arts du spectacle	performing arts
la musique traditionnelle	traditional music
la danse traditionnelle	dancing
les pratiques sociales	social customs
le rituel	ritual
l'événement festif	celebration
l'artisanat traditionnel	traditional crafts